Schischkowa
Molotow
Küsten-Straße
Tscheka
Bartenjewka
Nordfort

Gerhard Taube

Festung Sewastopol

Gerhard Taube

Festung Sewastopol

SEIT EMS 1789

Verlag E. S. Mittler & Sohn GmbH
Hamburg · Berlin · Bonn

Bildquellennachweis:

Bundesarchiv Koblenz; Bundesarchiv/Militärarchiv Freiburg; Historisches Archiv Friedrich Krupp Essen; Oberkommando des Heeres, Abteilung Auswertung fremder Landesbefestigungen: »Nachtrag zu den Denkschriften über fremde Landesbefestigungen«, Berlin 1943; Archiv des Autors.

Karte: Autor

Die Deutsche Bibliothek – CIP-Einheitsaufnahme

Festung Sewastopol / Gerhard Taube. – Hamburg ; Berlin ; Bonn : Mittler, 1995
ISBN 3-8132-0485-5
NE: Taube, Gerhard

ISBN 3 8132 0485 5; Warengruppe 21

Schutzumschlaggestaltung: Martina Billerbeck, Bielefeld,
unter Verwendung eines Fotos aus dem Archiv Taube
Gesamtherstellung: Druckerei Runge GmbH, Cloppenburg
Printed in Germany

Inhalt

Vorwort

Im Sommer 1942 erobert die Armee unter Generaloberst von Manstein nach überaus harten und verlustreichen Kämpfen und mit starker Unterstützung der Luftwaffe und der größten Artillerie-Massierung auf deutscher Seite die damals stärkste See- und Landfestung der Welt: Sewastopol auf der Halbinsel Krim. Zwei Jahre später vollzieht sich dort ein »zweites Stalingrad« – diesmal für die 17. Armee.

Als sogenannte »Heldenstadt« wird Sewastopol schon bald nach dem Krieg unter Einsatz deutscher Kriegsgefangener wiederaufgebaut. In der Ära des Kalten Krieges igelt sich die Festungsstadt und der Hauptstützpunkt der Schwarzmeerflotte abermals ein. Rund 50 Jahre lang dürfen keine Ausländer, schon gar nicht Westdeutsche, die »verbotene Stadt« mit ihren zahlreichen militärischen Sperrsektoren betreten. Erst nach dem Zusammenbruch der Sowjetunion öffnet die Festung einen Spaltbreit ihre Tore. Erstmals dürfen nun auch Touristen Sewastopol betreten – als Tagesausflügler und geführt auf vorgeschriebenen Wegen. Abgesehen von einem kurzen Blick auf den Hafen bekommen sie keine militärischen Anlagen zu Gesicht. Aber genau das will eine Handvoll deutscher und niederländischer Fachleute: Bau- und Wehrhistoriker, Festungsforscher und Fachjournalisten. Nach rund zweijährigen geduldigen Bemühungen und beharrlichem Überwinden immer neuer bürokratischer Hürden gelingt es schließlich dem Mainzer Architekten, Dr.-Ing. Hans-Rudolf Neumann, die Sondergenehmigung für einen 16tägigen Aufenthalt auf der Krim und in Sewastopol zu erwirken. Grünes Licht für den Besuch im Mai 1992 gaben Repräsentanten der Stadt Sewastopol und der Schwarzmeerflotte sowie der damals noch immer einflußreiche KGB. Zu der alsbald so bezeichneten »Gruppe Neumann« kommen vor Ort Historiker, Dolmetscher, Betreuer und weitere Begleiter hinzu. Diese kleine Gemeinschaft von Russen, Ukrainern, Niederländern und Deutschen erlebt auf der Krim unvergeßliche Tage im Rahmen einer hervorragend organisierten Fachexkursion. Ihr Weg führt von der Landenge bei Perekop nach der Krimhauptstadt Simferopol auf die Halbinsel Kertsch im Osten, nach Feodosia und schließlich nach Sewastopol im Südwesten. Dort werden die Gäste unter anderem mit einem Blick ins »Schlafzimmer« der Schwarzmeerflotte überrascht: einer exklusiven Hafenrundfahrt. Die von den lokalen Medien stark beachtete Besuchergruppe fungiert gewissermaßen als Eisbrecher für weitere Exkursionen dieser Art: Im Mai 1993 weilen frühere deutsche Krimkämpfer in jener Stadt, die sie einst als junge Soldaten höchst unfreiwillig »betreten« mußten. Im Herbst 1993 schließlich untersucht eine internationale Expertengruppe die Festungsanlagen von Sewastopol beziehungsweise das, was davon noch vorhanden ist. Die Objekte ihres Interesses reichen vom einfachen Schartenstand bis zu den Panzerbatterien, die unter den Namen Maxim Gorki I und II in die Kriegsgeschichte eingegangen sind. Eine wertvolle Hilfe finden die Exkursionsteilnehmer (»Gruppe Egger«) in dem jungen Festungsforscher Dimitrij J. Stognij. Dieser engagierte gebürtige Sewastopoler kennt die einstigen Verteidigungsanlagen seiner Heimatstadt wie kaum ein anderer. Acht Tage lang, vom ersten Morgenlicht bis zur Abenddämmerung, führt er seine nimmermüden »Kollegen« auf steile Hänge, durch dichtes Unterholz, muffige Bunker und dunkle Kasematten. Immer dabei: Dolmetscherin Irina Trawinina.

Der Autor hat alle drei Gruppen begleitet: Grundlage für das vorliegende Buch. Aus der Vielzahl der Fotos von der Krim mit ihren noch heute unübersehbaren Kriegsspuren fanden die historisch wichtigsten Eingang in dieses Buch. Der Gestern-Heute-Vergleich zeigt, daß sich in einem halben Jahrhundert erwartungsgemäß vieles geändert hat, daß aber auch bemerkenswerterweise vieles bis ins Detail unverändert geblieben ist.

Weil Festungen, und besonders Sewastopol, nicht losgelöst vom übrigen Geschehen betrachtet werden können, wurde das historische Umfeld auf der Krim in seinen Grundzügen mit einbezogen.

Gerhard Traube

Krimkrieg (1854/56)

Die Krim, wie eine Faust ins Schwarze Meer stoßend, erlebte schon viele Herren. Taurier, Griechen, Römer, Sarmaten, Perser, Goten, Tartaren und Türken gehören zu den Eroberern ehe sich 1783 die Russen der Halbinsel bemächtigen. Katharina II. spricht vom »neuen Rußland«. Noch im gleichen Jahr beginnt Zarin-Günstling Potemkin mit dem Bau eines Kriegshafens an der strategisch und geographisch günstigen Stelle im Süden der Krim, dort, wo bereits der antike Hafen Chersones lag. Die Russen taufen den Ort Sewastopol (Sebastos = erhaben, »erhabene Stadt«) und bauen ihn zur Seefestung aus. 1804 wird Sewastopol zum Hauptstützpunkt der russischen Schwarzmeerflotte und 1825 zur »Festung erster Klasse« erhoben. Ab 1828 beginnt der Bau von Befestigungen auch zur Landseite hin. Zar Nikolaus I. läßt die Hafenstadt zielstrebig erweitern. Geleitet vom russischen Fernziel Konstantinopel, wobei Sewastopol als Sprungbrett dienen sollte.

Derartige Absichten rufen die europäischen Großmächte auf den Plan. Am 27. März 1854 treten Frankreich und England, als Gegenspieler Rußlands um ihre Vormachtstellung in Europa fürchtend, als Verbündete der Türkei in den Krieg gegen Rußland ein. Das Hauptziel des englisch-französischen Angriffs ist die Krim und hier naturgemäß Sewastopol. Die alliierte Landungsflotte bleibt nahezu unbehelligt, weil es die russische Flotte nicht wagt, Sewastopol zu verlassen. Nach der Landung der Alliierten auf der Krim in Eupatoria am 14. September 1854 marschieren sie Richtung Sewastopol.

Die Streitmacht der Invasoren von 55 000 Engländern, Franzosen und Türken (später kommen noch 15 000 Sarden hinzu) wird von 30 000 Russen erwartet. Im Laufe des Krieges erhöht sich die Zahl auf rund 200 000 Mann auf jeder Seite.

Sechs Tage nach Landungsbeginn versuchen die Russen, den Angreifer an der Alma aufzuhalten. Die Masse der russischen Truppen ist unfähig zum Führen des Schützengefechtes, vielmehr kämpfen sie in eng massierter Stoßtaktik, um das gegnerische Feuer zu unterlaufen. Die Franzosen sind wegen ihrer Geschicklichkeit hinsichtlich der Geländeausnutzung taktisch überlegen. Die Engländer verlassen sich auf ihre linearen Formationen mit eiserner Gefechtsdisziplin. Freilich erweist sich diese Kampfführung im zerklüfteten Gelände gegen starke Stellungen als wenig geeignet. Nach wechselvollem Kampf endet am 20. September 1854 die Schlacht mit einem Sieg der Verbündeten. Die auf Sewastopol zurückgedrängten Russen vermögen nicht, den alliierten Sturmangriff abzuschlagen. Die Angreifer gehen nunmehr zur Belagerung über. Der Verteidiger igelt sich ein. Er vernichtet einen Teil seiner Schwarzmeerflotte am Zugang zur Sewernaja-Bucht, um mit dieser Sperre die Invasionsflotte aufzuhalten.

In einem weiten Halbkreis stoßen die Alliierten im Süden auf Sewastopol vor; die Franzosen auf dem linken, die Engländer auf dem rechten Flügel. Den Vormarsch im Norden wagen die Angreifer nicht, weil sie beim Nordfort konzentrierte russische Kräfte vermuten. Au-

Verteidigungsszene aus dem Krimkrieg am Sockel des Admiral-Menschikow-Denkmals in Sewastopol

ßerdem wären sie in den Feuerbereich der russischen Schiffe geraten, die in der Bucht liegen. Das Gros der Russen steht auf den Höhen ostwärts von Sewastopol. Für ein vollständiges Einschließen der weitläufigen Festung fehlt es den Alliierten an genügend Truppen. So bleibt Sewastopol im Norden offen, und die Verbindung zum Feldheer und zur Heimat kann aufrechterhalten werden.

In den Grundzügen der Landkriegführung zur Zeit des Absolutismus und im 19. Jahrhundert:

Sewastopol lag zwar in einem schwer zugänglichen Gelände, war aber nicht vollständig befestigt. Massive Festungsanlagen befanden sich im Norden der Stadt auf beiden Ufern der Reede. Sewastopol wurde von Süden her in einem flachen Halbkreis beiderseits an die Reede angelehnt, belagert. Der leitende Pionieroffizier der Festung, Oberstleutnant Todleben, ließ weitere Feldstellungen ausbauen. Hierbei wurde nun ein waffentechnischer Rückstand auf russischer Seite zum Anlaß für eine neuartige Verteidigungsführung.

Todleben verlegte die Verteidigung ins Vorfeld, was selten, aber auch schon von Gneisenau 1807 bei der Verteidigung von Kolberg getan worden war. Um die geringe Schußweite des russischen Infanteriegewehrs auszugleichen, ließ er die Stellungen so nah wie möglich an die der Belagerer vorverlegen und durch die starke Festungsartillerie decken. Da das Gelände zum Feind hin anstieg, ließ Todleben nicht, wie üblich, Feldstellungen über der Erde anlegen. Er hatte bei der Belagerung von Silistra erlebt, daß sich die Türken im Vorfeld der Festung eingegraben hatten. Todleben ließ Schützengräben ausheben, und so trat bei Sewastopol, aus einem herkömmlichen Festungskampf heraus, erstmalig der moderne Stellungskampf in Erscheinung, der Kampf der erstarrten Fronten, der erst sehr viel später dann als »Stellungskrieg« dem Ersten Weltkrieg sein charakteristisches Gepräge geben sollte.

Mit dem Stellungskampf besaß der Kampf um Sewastopol bereits den Charakter der modernen »Materialschlacht«: Eine bis dahin nicht erlebte Konzentration von Truppen, Waffen und Munitionsverbrauch auf engem Raum, daher die außerordentlich hohen Verluste im Kampf, die bei den Allierten von denen durch Krankheit noch übertroffen wurden; die zermürbende Wirkung langer Artilleriebeschießungen, des elenden Lebens in Gräben und Behelfsunterkünften, der vielen Einzelaktionen, die hohe Blutopfer erforderten, aber den schleppenden Gang der Kriegshandlung nicht zu beschleunigen schienen, des Ringens um jeden Fußbreit Bodens. Auch das zum modernen Stellungskrieg gehörende Ablösungssysten wurde schon angewendet: Abgekämpfte russische Truppen in Sewastopol wurden durch frische abgelöst und nach Erholung in einem rückwärtigen Gebiet wieder eingesetzt ... Am 7. Juni 1855 brachen die Alliierten durch Wegnahme einiger Außenwerke an der Ostseite der Stadt in die Verteidigung ein. Am 9. September eroberten sie den Malakoff-Hügel und damit eine beherrschende Stellung der Russen. Daraufhin räumten die Russen die Stadt, jedoch nicht die Forts auf dem Nordufer der Reede. Auch das außerhalb Sewastopols stehende Gros der russischen Krim-Armee war ungeschlagen und ließ sich nicht von der Halbinsel verdrängen. Der Krimkrieg wurde nicht militärisch entschieden, sondern durch den Frieden von Paris am 30. März 1856 beendet.

Nach dem Krimkrieg liegt Sewastopol 30 Jahre lang in Trümmern. Erst 1885 beginnt man mit dem Wiederaufbau. Die Erschütterungen des Ersten Weltkrieges treffen anfangs die Krim noch nicht direkt. Im Oktober 1914 beschießen die deutschen Kreuzer *Goeben* und *Breslau* Sewastopol und im Juli 1916 greift das deutsche Luftschiff SLX die Stadt an. Nach der Oktoberrevolution 1917 bricht auch auf der Krim der Bürgerkrieg aus. Es wird die »Taurische Sozialistische Sowjetrepublik« ausgerufen. Tataren und die »Weißen« bekämpfen sie gleichermaßen. Deutsche Truppen besetzen dann im April 1918 die Halbinsel. Deren Unabhängigkeit dauert nur ein Jahr; die Rote Armee nimmt Simferopol ein. Angesichts ihrer erdrückenden Übermacht muß der russische General von Wrangel den Widerstand aufgeben und die Krim mit den Resten seiner Armee sowie 150000 Emigranten über See Richtung Konstantinopel verlassen. Im November 1920 wird die Krim eine Autonome Sozialistische Sowjetrepublik mit der Hauptstadt Simferopol.

»Wer die Krim hat, beherrscht das Schwarze Meer.« Von dieser Maxime läßt auch Hitler sich leiten: In der Krim sieht er eine ideale Absprungbasis zu den Erdölzentren des Kaukasus und Persiens. Ein anderer Grund für seinen Griff zu dieser Halbinsel liegt in der nationalsozialistischen Ideologie vom »Lebensraum« der Deutschen im Osten. Die fruchtbare Krim – ein germanischer Siedlungsraum, der nach dem Endsieg »Gau Gotenland« heißen sollte.

Hitlers Versuch, im Spätsommer 1941 das Tor zur Krim aufzustoßen und das »Paradies« im Handstreich zu nehmen, mißlingt zunächst. Die deutschen Angriffstruppen liegen bei der Landenge von Perekop fest.

Zweiter Weltkrieg

Der erste Angriff (17. bis 31. Dezember 1941)

Die Perekop-Enge, das Tor zur Krim, haben die Sowjets mit einem tiefgestaffelten Verteidigungsfeld verschlossen. Kernstück der deckungslosen Ebene mit ihren Draht- und Minensperren sowie Panzergräben ist ein 20 Meter tiefes und 20 Meter hohes Graben- und Wallsystem, der sogenannte Tatarengraben.

Am 17. September 1941 übernimmt Generaloberst von Manstein die Führung der 11. Armee.

Mit massiver Unterstützung schwerer und schwerster Artillerie gelingt es unter härtesten Angriffsbedingungen und verlustreichen Einzelaktionen gegen Erdbunker und Feldbefestigungen sowie wiederholter Abwehr feindlicher Gegenstöße, das Perekop-Bollwerk bis zum 29. September 1941 aufzubrechen. Bernhard Fering, damals Gefreiter und MG-Schütze der 7. Kompanie des Infanterieregimentes 105 (72.I.D.) erinnert sich: »Die Kompanie verteilte sich in einer Schützenkette zum Angriff. Meinen zweiten Schützen traf ein acht Zentimeter großer Granatsplitter in den Oberschenkel. Das fing nicht gut an: Wir waren kaum zweihundert Meter weit gekommen. Nach weiteren einhundert Metern wurde es mir unheimlich: Es fielen nur vereinzelt Schüsse, aber jedesmal fiel einer meiner Kameraden um. Wir kamen nur sehr, sehr langsam voran. Wir liefen drei Schritte, lagen dann flach. Bei einem dieser Sprünge verspürte ich plötzlich einen Schlag gegen das Knie, auch spürte ich, wie mir das Blut in den Stiefel rann. Ein Sanitäter kroch vorsichtig auf mich zu und verband mich. Unteroffizier Meyer übernahm mein Maschinengewehr. Trotz meines Hinweises auf einen zu seiner Linken befindlichen russischen Scharfschützen war er einige Minuten später tot. In einer kleinen Mulde ruhte ich aus. Um mich herum meine gefallenen Kameraden. Mein Gott, so viele! Ich wurde zu einer Kate zurückgetragen. Dort lagen schon eine Menge Verwundeter. Der Soldat, der mich zurückbrachte, erkannte in mir einen Dorfkameraden aus Ehrang an der Mosel. Er trug mich zu einem Panjewagen, mit diesem ging es zur Verladestation. Unser Hauptfeldwebel kam unterwegs vorbei und fragte: Ist jemand von der Siebten dabei? Ich meldete mich; er gab mir eine Tafel Schokolade und ein Päckchen Zigaretten. Auf meine Frage, wieviele durchgekommen seien, antwortete er, daß von 128 Mann nur noch 34 am Leben seien. Du hast Glück, meinte er, die meisten sind tot. Mach's gut.«

Der Weg für die 11. Armee scheint frei, da stoßen in der Nogaischen Steppe frische Kräfte der sowjetischen 9. und 18. Armee durch. Das »Bereinigen der Lage« nimmt drei wertvolle Wochen in Anspruch. Die Deutschen denken nicht mehr an einen Handstreich; sie gehen in eine lange und blutige Schlacht.

Am 1. November fällt Simferopol, drei Tage später Feodosia. Das Sprungbrett zum Kaukasus, Kertsch, wird am 16. November genommen. Aber unter welchen Opfern! Allein der Durchbruch bei Perekop (und später Ischun) hat dem LIV.A.K. 1920 Gefallene und 7273 Verwundete gekostet. Im offenen Gelände ist der Gegner geschlagen. Vor Sewastopol indessen verstärkt sich sein Widerstand. Beim Vorrücken der abgekämpften Divisionen auf die Festungsvorfelder gelingt es nur dem 105. Infanterie-Regiment am 14. November, das Fort Balaklawa-Süd im Handstreich zu nehmen – das einzige Festungswerk, das auf Anhieb erobert wird. Noch scheint ein schneller Zugriff auf Sewastopol denkbar. Gelände- und Wegeverhältnisse, Wetter und Nachschubprobleme verzögern aber wiederholt das Losschlagen. Die Rote Armee nutzt die Zeit, die Festungsbesatzung um 34000 auf 90000 Mann zu verstärken.

Der Angriffstermin wird schließlich auf den 17. Dezember, 6.10 Uhr, festgelegt. Die Armee setzt voll auf Überraschung und verzichtet deshalb auf Artillerievorbereitung. Den vergleichsweise schwachen Angriffskräften des LIV.A.K. im Norden (22., 24., 50. und 132 I.D) und des XXX.A.K. (72., 170.I.D. und 1. rumänische Gebirgsbrigade) im Süden stehen sechs voll aufgefüllte und zusätzlich verstärkte Divisionen mit zahlreichen Sonderverbänden, starker Heeresartillerie und Luftwaffe gegenüber.

Erst mit dem Angriffsbeginn der deutschen Divisionen setzt stärkstes zusammengefaßtes Artilleriefeuer auf die Feindstellungen und zum Niederhalten der gegnerischen Artillerie ein. Es sind keine ausgeruhten deutschen Truppen, die da zum Sturm auf Sewastopol antreten. Sie haben Eilmärsche mit Leistungen von täglich bis zu 35 Kilometern (!) bei Kälte, Nässe und Schnee auf verschlammten und vereisten Wegen hinter sich.

Die Verteidiger wehren sich tapfer und erbittert. Sie müssen sich zähen Nahkämpfen stellen. Ihre Granatwerferbatterien setzen den deutschen Nahkämpfern schwer zu und reißen schreckliche Lücken. Im Norden rücken die Angreifer bis auf zwölf im Westen auf sieben bis acht Kilometer, im Südwesten bis auf etwa zehn Kilometer an die Stadt Sewastopol heran.

Bis zum 23. Dezember erobert das LIV. A.K. das befestigte Plateau zwischen dem Katscha- und Belbek-Tal. Hier fällt die Schirmlafettenbatterie drei Kilometer südwestlich von Mamaschai in deutsche Hand. Während sich das LIV. A.K. in zähen Kämpfen dem Angriffsziel, der Sewernaja-Bucht, nähert, landen die Sowjets an 26. Dezember mit Teilen der 51. Armee beiderseits Kertsch und am 29. Dezember mit der 44. Armee bei Feodosia. Diese Landungen quasi im Rücken der deutschen 11. Armee zwin-

Blick auf Kertsch (1992)

gen dazu, erhebliche Teile der Angriffstruppen von Sewastopol abzuziehen, um – wieder einmal – die bedrohliche Lage zu »bereinigen«.

Der Angriff auf Sewastopol aber läuft weiter. So nahe vor dem Ziel will man nicht aufgeben. Nur noch eine große Anstrengung, eine letzte, und der entscheidende Stoß würde die Festung zu Fall bringen.

Tatsächlich aber muß am 31. Dezember der »Sturmlauf« auf Sewastopol eingestellt werden. Der deutsche Landser kann nicht mehr. Er ist total erschöpft, zermürbt vom Hämmern der russischen Artillerie, krank infolge der Kälte und Entbehrungen jeglicher Art. Die Korps gehen auf die Ausgangsstellungen vom 4. November zurück. Sie richten sich zur Belagerung ein.

Land der Kriege: Türkenfestung Jenikale an der Einfahrt zur Meerenge von Kertsch

Am 15. Januar 1942 ergreifen die Deutschen wieder die Initiative. Den von Sewastopol abgezogenen Kräften gelingt vom 15. bis 19. Januar zunächst die Wiedereinnahme von Feodosia und die Abschnürung der Halbinsel Kertsch hart westlich der Parpatsch-Stellung. Der Versuch, mit vier Großangriffen (»Stalin-Offensive«) den deutschen Riegel aufzubrechen, mißlingt. Schließlich schaffen die deutschen Truppen mit dem Zerschlagen von drei Armeen der russischen Kertsch-Front (Unternehmen »Trappenjagd« vom 8. bis 15. Mai 1942) die Voraussetzungen für den zweiten Großangriff auf Sewastopol.

Blick von den Sapun-Höhen Richtung Sewastopol

Der zweite Angriff (7. Juni bis 1. Juli 1942)

Festungsanlagen/Bauweisen – Zustand im Jahre 1942 und die heutige Situation

Bis zum zweiten Angriff vergeht rund ein halbes Jahr. Diese Zeit nutzt der Verteidiger intensiv zum Heranschaffen von Personal und Material über See sowie zum weiteren Ausbau und zur Verstärkung der ohnehin hindernisstarrenden Festungsstadt. Das äußerst verteidigungsgünstige Gelände stellt für die sowjetischen Truppen einen wertvollen Verbündeten dar. Entgegen mißverständlicher bis falscher Angaben in der Literatur sind es nicht die »zahllosen Panzerwerke mit mehrstöckigen Kasematten tief im Felsen«, die den Angriff beinahe scheitern lassen und die der Grund für den Aufmarsch schwerster und allerschwerster Artillerie waren. Vielmehr ist es die Raffinesse und Geschicklichkeit des Gegners, die Geländestruktur für eine optimale Verteidigung auszunutzen.

Die Sowjets stützen sich auf vier taktische Verteidigungszonen; die *Nordfront, Ostfront-Nord, Ostfront-Süd* und *Südfront*. Im Hügelland der *Nordfront* (nördlich der Sewernaja-Bucht bis zum Belbek-Tal) mit seinen zahlreichen Mulden und Schluchten befindet sich eine Vielzahl von sich überlagernden und flankierenden Befestigungen mit jeweils ausgezeichnetem Schußfeld. Die in deutschen Angriffskarten und Berichten sowie Kriegstagebüchern wiederholt auftauchenden Erkennungsnamen wie zum Beispiel »Ural«, »Wolga«, »Sibirien«, »Tscheka« oder »Nordfort« sind entweder Erdschanzen noch aus Krimkrieg-Tagen oder schwach gemauerte Kampfstände und kaum schußsichere Kasematten. Ihre eigentliche Stärke liegt zum einen im zähen Widerstandswillen der Besatzungen und zum anderen in der Kenntnis und Anpassung an das unübersichtliche Gelände. Die deutsche Artillerie, vor allem die in der Literatur teilweise als »Wunderwaffe« gepriesene 80-cm-Eisenbahnkanone »Dora« konnte gegen die alten Erdschanzen-Kampfstände kaum etwas ausrichten. Der Beschuß von »Stalin« etwa bewegte »nur« gewaltige Erdmassen und verschüttete Unterstände. »Stalin« wie auch andere Stützpunkte konnten meist erst in blutigen Nahkämpfen ausgeschaltet werden. Eine Ausnahme bilden die legendären und literaturbekannten Panzerbatterien Maxim Gorki I und II.

Die *Ostfront* ist geprägt von einem schroffen, tief zerklüfteten Bergland, das insbesondere im Osten von mächtigen Felsschluchten durchschnitten wird. Ein ostwärts von Gaitani verlaufender Bergwald und nördlich davon sich ausdehnender Busch mit Zwergeichen und Dornengestrüpp bieten den Verteidigern gute Möglichkeiten, die Deutschen aus nächster Nähe überfallartig mit Feuerstößen und Handgranaten zu attackieren. Artillerie und schwere Infanteriewaffen sind machtlos gegen diese meisterhaft getarnten Verstecke.

Die *Südfront* stellt sich ähnlich der *Nordfront* dar; allerdings ist sie großräumiger. Markante Punkte sind im Süden das Gebirgsmassiv von Balaklawa- und der Baltscha-Bucht sowie im Norden ein tiefes Becken, von drei Seiten flankiert durch Höhenzüge. Sie bieten ideale Beobachtungsmöglichkeiten und erlauben das Bekämpfen jeglicher Annäherung aus flankierenden Feuerstellungen. Die sich nahezu zehn Kilometer in Nord-Süd-Richtung erstreckenden Sapun-Höhen bilden ein natürliches Bollwerk gegen ein Vordringen von Osten. Die Halbinsel Chersones mit dem gleichnamigen Kap besitzt zahlreiche Buchten

unterschiedlicher Größen. Das Gelände ist eben. Auch hier überlagern und flankieren sich alle Verteidigungsabschnitte gegenseitig.
Die Abteilung »Auswertung fremder Landesbefestigungen« des Oberkommandos des Heeres kommt in ihrem »Nachtrag zu den Denkschriften über fremde Landesbefestigungen«* zu folgender Beurteilung von Gelände und Befestigungen:
Im Nordabschnitt ist ein stützpunktartiger Ausbau erkennbar, in dem sich an vorhandene Werke Feldstellungen ankristallisieren. Das Zwischenfeld zwischen diesen Stützpunkten ist locker ausgebaut. Der Stützpunkt ist durch Eindecken von Artillerie und Vernebeln auszuschalten und nach Durchbruch durch die Zwischenfeldanlagen im Vorbeistoßen durch Angriff von hinten zu nehmen.
Im Südabschnitt sind ohne Zweifel auch Widerstandszentren für die Verteidigung gebildet; allein sie sind weder im Luftbild noch durch Erdbeobachtung als solche auszumachen. Schmale Laufgräben, tiefe, enge Schützenlöcher, MG-Nester, betonierte Kampfstände für MG und Geschütze, Kampfwagen- und Infanteriesperren, Minenfelder und dazu zahlreiche Scheinanlagen breiten sich über den weiten Raum aus und bieten weder der Artillerie noch der Luftwaffe irgendwelche greifbaren lohnenden Ziele oder auch nur Anhaltspunkte für die Lage und Ausdehnung der eigentlichen Widerstandszentren. Diese Auflösung der Befestigungen läßt sich sinngemäß vermutlich auch für den Ausbau ständiger Befestigungen anwenden, wobei man stärkere Bauwerke, wie Panzerbeobachtungsstände, Geschütze unter Panzern, betonierte Unterstände u.a. so geschickt einschieben kann, daß der Gegner sie unter der Masse der Anlagen nicht herausfinden und einzeln bekämpfen kann, sturmfreie Stützpunkte, aber als solche nicht erkennbar, vollkommen aufgelöst, keine scharfe Umränderung durch tiefe Gräben und dgl.
Der waldige und buschartige Ostabschnitt ist übersät von engen, tiefen Schützenlöchern. An kleineren Blößen auch MG-Nester, die bisweilen durch kurze wurmartige Grabenstücke nach rückwärts verbunden sind. Zahlreiche Granatwerfer sind eingebaut. Jeder Mann ist auf sich allein gestellt und verteidigt sich aus seinem Schützenloch zäh und verbissen bis zur Selbstaufopferung. Sehr stark unterstützen die Granatwerfer die Verteidigung. Sie finden überall günstige Stellungen.
Die Ausbauweise dieser Kriegsbefestigungen reicht nach Widerstandsfähigkeit selten über das Maß der Feldbefestigung hinaus. Die Gräben und Schützenlöcher sind so schmal und eng wie nur möglich gehalten und tadellos getarnt, so daß man sie schwer sehen und schwer treffen kann. Dadurch sind diese Anlagen ziemlich unempfindlich gegen Bombenabwurf und Stukaangriff. Die betonierten Kampfstände kann man in der Regel nur als halbständige Bauwerke bewerten. Sie sind meistens aus leichten Formsteinen nachlässig zusammengesetzt und können so einem Volltreffer aus dem Feldgeschütz nicht widerstehen. Vielfach sind einzelne Geschütze zur Längsrichtung wichtiger Straßen und Schluchten in Betonschartenstände eingebaut. Weitere flankierende Schartenstände, z.B. in den Werken ›Lenin‹, ›Stalin‹, ›Tscheka‹, ›Makensie‹, ›Zangenschlucht‹, sind in erster Linie für Pakgeschütze und für den Nahkampf bestimmt. Äußerst gewandt nützt der Bolschewist (Wehrmachtsterminologie) Steilhänge aus, an die er Schützen- und MG-Nester anklebt, und in denen er Granatwerfer so geschickt und getarnt aufstellt, daß sie weder durch Luftbild noch durch Erkundung ausgemacht werden können, vielfach flugbahnmäßig überhaupt nicht zu erreichen sind ...
Insgesamt zieht sich halbkreisförmig ein bis zu 15 Kilometer tiefes Kampffeld um den Stadtkern von Sewastopol. Gespickt mit sechs schweren Küstenbatterien, 14 Forts unterschiedlicher Größe, 3600 Beton- und Erdbunkern sowie Kampfständen, etwa 350 Kilometer Schützengräben, ungezählte Schützenlöcher und rund 150000 Landminen.
Nachfolgend eine nähere Betrachtung von Einzelanlagen, die während der Kämpfe eine besondere Rolle gespielt haben oder wegen ihrer Bauweisen erwähnenswert erscheinen.

Nordfort mit dem Kampfstand »Lenin«
Das Nordfort liegt einen Kilometer westlich von Bartenjewka und wurde bereits 1807–1811 aus Kalkstein und Erde errichtet und 1834 noch einmal baulich verändert. Die achteckige Anlage von 170 bis 210 Metern Seitenlänge besaß auf vier vorspringenden Ecken Kaponniere (Laufgräben) mit Erdbrustwehren, in der jeweils drei Geschütze Deckung fanden. Die restlichen vier Ecken waren ebenfalls mit je drei Geschützen bestückt. Hinter dem etwa fünf Meter breiten und 3,20 Meter tiefen Graben mit gemauerten Kalksteinwänden erhob sich ein vier Meter hoher und rund zehn Meter breiter Wall. Dieses Graben-Wall-System umgab die gesamte Anlage, die einen Durchmesser von 500 beziehungsweise 600 Metern besaß.
Diese veraltete und in ihrer Befestigung dürftige Kampfanlage wurde bis Mai 1942 zur Verteidigung hergerichtet. Die Unterkellerungen der Kasernengebäude dienten als Schutz für Bereitschaften. An schweren Waffen befanden sich im Nordfort nur Granatwerfer in feldmäßigem Einsatz. Alle festungsbaumäßigen Unzulänglichkeiten glichen die Verteidiger mit äußerst erbittertem Widerstand aus.
Die Anlage wird heute von der Schwarzmeerflotte als Depot benutzt. Von außen noch gut zu erkennen sind die Contrescarpe (Gegenböschung), der Graben und die Escarpe mit dem Wall. Der sich nordwestlich an das Nordfort anschließende Kampfstand »Lenin« war mit Flak und Pak (in flankierenden Schartenständen) versehen. Diese Anlage ist heute bewaldet.

Batterie Schischkowa
Zwischen der Jahrhundertwende und 1914 errichtete die russische Armee im Bereich des Hafens und an der Küste rund 20 Batterien als ständige Anlagen. Zu ihnen gehörte die Batterie »Schisch-

* siehe Literaturverzeichnis

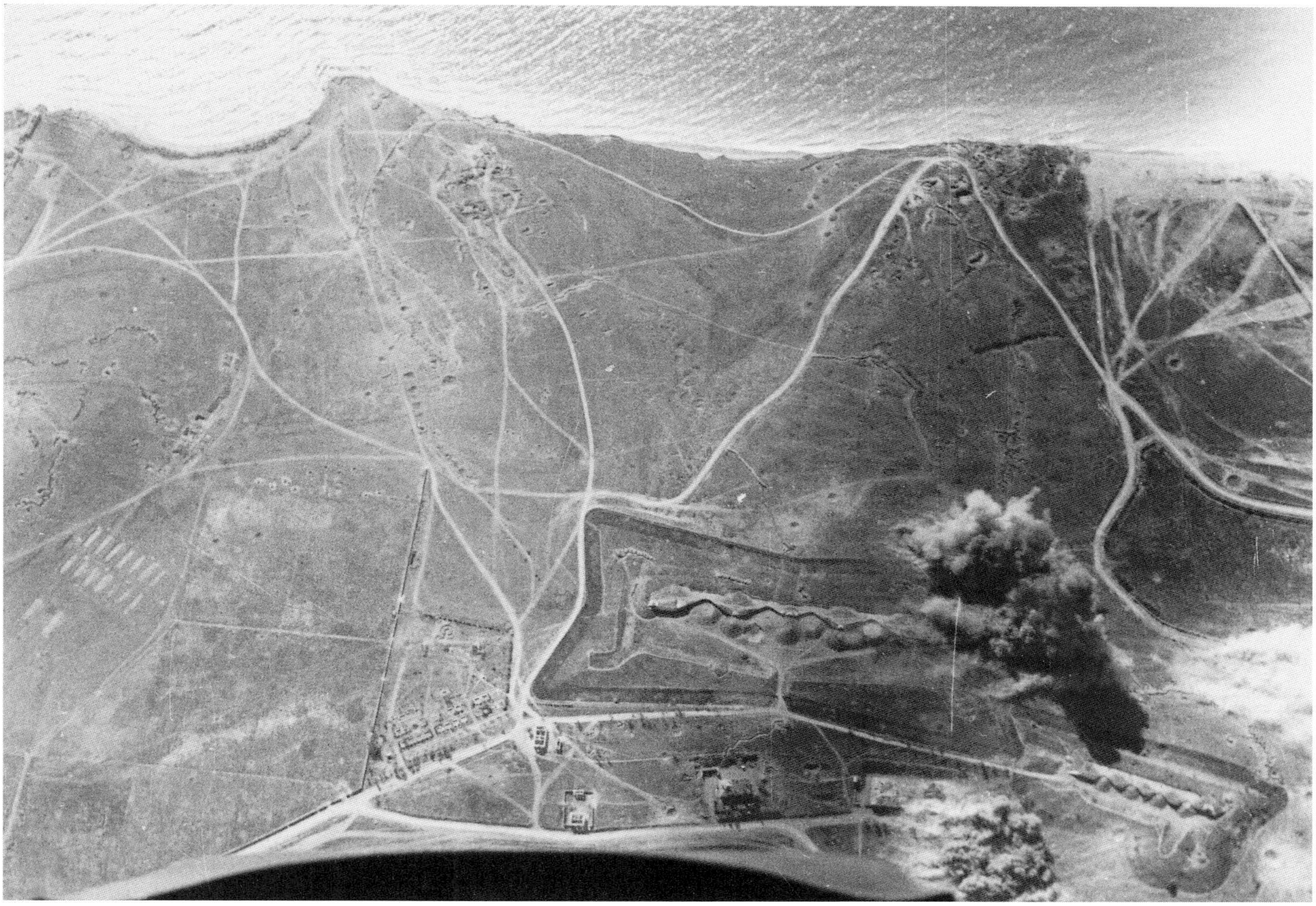

Die Batterie Schischkowa während eines Stuka-Angriffs (aufgenommen von Hauptmann Otto Schmidt, 7./St. G. 77)

kowa« (Nr. 20). Sie liegt vier Kilometer nördlich der Sewernaja-Bucht am Küstensaum des Schwarzen Meeres. Die in den Jahren 1908 bis 1912 entstandene Anlage gehörte zu den älteren Küstenbatterien. Diese bestanden teils aus Kalksteinquadermauerwerk, teils aus Beton und Eisenbeton mit Kalksteinschotter von geringer Festigkeit. Die Deckungsstärken erreichten kaum mehr als zwei Meter. Abgesehen von gepanzerten Beobachtungsglocken war von Panzerteilen nur wenig Gebrauch gemacht worden. Gasschutz war nicht vorhanden. »Schischkowa« besaß vier 12-cm-Geschütze in Pirotlafette auf Betonsockeln.

Die in der gleichen Zeit erbaute und auch baugleiche Batterie »Strelitzka« (Nr. 24) auf der Landzunge gegenüber Sewernaja-

Schischkowa nach Artilleriebeschuß und Bombardement

Teilanlage Schischkowa mit Beobachtungsstand

Kossa war eine sogenannte Doppelbatterie mit sechs 25,4-cm-Geschützen sowie vier Geschützen kleineren Kalibers. Die Batterie hatte vor und zwischen den Geschützständen sowohl eingeschossige wie auch zweigeschossige Mannschafts- und Munitionsräume. Die Anlage verlor noch Mitte der dreißiger Jahre ihre Funktion als leichtere Sperr- sowie schwerere Festungsbatterie. Ihre Kasematten fanden Verwendung als Werkstatt- und Lagerräume. Während des Kampfes um Sewastopol wurden »Schischkowa« und »Strelitzka« behelfsmäßig mit Feldgeschützen bestückt.

Beide Batterien sind heute noch als Teilruinen vorhanden; sie sind großenteils begehbar. Es sind noch die Betonsockel für die Geschützlafetten, Panzerbeobachtungsglocke, Mannschafts- und Munitionsräume sowie Reste der Munitionstransportanlage und der -aufzüge vorhanden. Relativ gut erhaltene Teile von »Schischkowa« beziehungsweise behelfsmäßig reparierte Kasematten dienen heute einer kleinen privaten Pilzzucht und als Stallungen für ein paar Schafe und Schweine. In »Strelitzka«, gleich nach dem Krieg als Notunterkunft für die Zivilbevölkerung genutzt, befinden sich gegenwärtig kleine private Werkstätten. Beim Untersuchen der Anlage im Herbst 1993 durch die Gruppe Egger war man gerade dabei, weitere Abschnitte des Komplexes mit Türen und Fenstern zu versehen.

Schirmlafettenbatterie »Mamaschai«

Die Schirmlafettenbatterie »Mamaschai« zehn Kilometer nördlich von Sewastopol, zeichnete sich durch eine aufgelockerte Bauweise aus. Die vier 20,3-cm-Geschütze befanden sich in Abständen von je 34 Metern in offenen Kesselbettungen. Ihre Rundumwirkung von 360 Grad erlaubte den Einsatz auch landeinwärts. Von den etwa 50 Meter rückwärts gelegenen Munitionsräumen führten Schmalspurgleise in zwei Meter tiefen Gräben zu den Geschützen.

Rückwärts gestaffelt lagen ebenfalls die Mannschaftsunterstände und die Nachrichtenzentrale. Der Befehlsstand mit E-Messer war 50 Meter seitwärts des hinteren Flügelgeschützes abgesetzt. In einem Abstand von 200 Metern befand sich nördlich der Batterie ein Scheinwerferstand. Eine Drahtsperre verlief um die Gesamtanlage, die selbst in ihren einzelnen Teilen mit Laufgräben verbunden waren. Die Brüstungen der Kesselbettungen bestanden aus vermauerten Kalksteinquadern; die anderen Bauwerke aus Beton. Befehlsstand und Munitionsräume besaßen Wandstärken von 40 bis 65 Zentimetern.

Zerstörer Bunker im Abschnitt Strelitzka

Dieses nur geringfügig beschädigte Geschütz wurde deutscherseits bis zum Verbrauch der Munition gegen die Russen eingesetzt

Reduit Malakoff von der Kehlseite aus gesehen

Reduit Malakoff von der Frontseite aus gesehen

Den Beobachtungsraum des Befehlsstandes deckte eine 1,5 Zentimeter starke, gewölbte Stahlblechplatte ab. Der offene Sehschlitz erlaubte einen Blickwinkel von rund 180 Grad. Die geringen Deckungsstärken wurden in Kauf genommen, weil die aufgelockerte Bauweise der Batterie die Trefferwahrscheinlichkeit ihrer Einzelglieder herabsetzte. Die »Mamaschai«-Batterie wurde von der Gruppe Egger aus organisatorischen Gründen nicht aufgesucht. Sie existiert nur noch in Resten; das Gelände ist Brachland.

Fort Malakoff

Diese geschichtsträchtige Anlage aus dem Krimkrieg liegt am Südostrand von Sewastopol auf der Nordwestnase eines sich von Inkerman zur Sewernaja-Bucht hinziehenden flachen Landrückens. Sie gehörte zu den neun Bastionen, die dem Stadtring vorgelagert waren. Hier entschied sich nach aufreibenden Kämpfen im September 1855 das Schicksal der Stadt, nachdem die Franzosen Malakoff erstürmt hatten.

Im Zweiten Weltkrieg hatten die Sowjets den »Stützpunkt Fort Malakoff« zu einem Artillerie- und Infanteriewerk ausgebaut. Verstärkt wurden zum Beispiel die Gewölbe des Reduit (Malakoff-Turm). In das den Turm umgebende parkähnliche Gelände installierte man unter anderem zahlreiche Feldunterstände, Laufgräben, MG-Nester, zwei Flakstellungen und eine Batterie mit zwei 13-cm-Kanonen in Schirmlafette auf gemauerter Kesselbettung.

Heute steht der gesamte Malakoff-Bergrücken unter Denkmalschutz. Der restaurierte Malakoff-Turm (gemauerter Kalkstein) beherbergt heute ein Museum mit Exponaten aus dem Krim- wie aus dem Zweiten Weltkrieg. Nahe des Turms stehen (aus einem Wrack geborgene) zwei 152,4-mm-Schiffsgeschütze (mit Spritzwasserschutz), modifiziert als Küstengeschütz. Als Quasi-Denkmale sollen sie an die hier 1942 eingesetzten Geschütze erinnern. Die zu der einstigen Batterie gehörigen Einrichtungen wie Feuerleitstand, Mannschafts- und Munitionsbunker sind noch rudimentär vorhanden, teilweise zugeschüttet und überwachsen. Der zerzauste Rest eines Laubbaumes, liebevoll abgestützt und mit einem Schutzgitter umgeben, ist der einzige Baum, der das Inferno von 1942 überdauert haben soll. In seiner Nähe hat man auf einem Steinsockel die bronzene

»Kanonenallee« im Malakoff-Parkgelände – eine Reminiszenz an den Krimkrieg

Befehlsstand oberhalb der Bucht von Balaklawa

Reliefplatte der Bastion Malakoff des vorigen Jahrhunderts etabliert. Hinweise auf Tafeln informieren über Standorte der ehemaligen Krimkrieg-Batterien und Konterminengänge. Letztere waren die russischen Antworten auf die französischen Angriffstruppen, die mittels eines bestimmten Grabenplanes immer näher an die Befestigungen heranrückten.

Nord- und Südfort/Balaklawa

Nach der Jahrhundertwende begann die russische Armee mit dem Bau von zwei starken Infanteriestützpunkten östlich von Balaklawa, 15 Kilometer südostwärts von Sewastopol (in deutschen Karten Höhe 212). Ort und Hafen waren 1942 in den äußeren Verteidigungsgürtel Sewastopols einbezogen. Die beiden Stützpunkte, deutscherseits auch benannt als

Nicht mehr fertiggestellter Unterstand

Fort Balaklawa – Nord und Fort Balaklawa – Süd, zeigten grundsätzlich gleiche Bauformen. Während das nördliche Fort zur Rundumverteidigung eingerichtet war, ersetzten beim südlichen Fort die steilen Felsabstürze der Schwarzmeerküste eine Verteidigungsflanke.

Merkmal der Anlagen war ein Netz von drei Meter tiefen und drei Meter breiten Schützengräben, eingesprengt in den Kalkfels. Der Felsaushub war feindwärts zu einem Wall mit Brustwehr aufgeschichtet. Die feindwärtigen Böschungen hatte man durchgehend stark betoniert und nach jeweils etwa zehn Metern Grabenlänge mit Ausfalltreppen und alle 30 Meter mit Bereitstellungsnischen versehen. Das Ganze ähnelt einem in Beton erstarrten Schützengraben aus dem Ersten Weltkrieg.

West- und Ostgraben (Nordfort) waren mit einem betonierten Unterkunftsstollen von 124 Metern Länge verbunden. Bei einer Breite von 2,6 und einer Höhe von 3,5 Metern (ein Meter Deckungsstärke im Scheitel) fanden hier 240 Betten Platz. In Abständen von rund 25 Metern befanden sich Ausstiegsschächte mit Wendeltreppen oder Steigeisen. Der betonierte Befehlsstand am Westende des Unterkunftsstollens besaß Wandstärken von 1,50 und Deckenstärken von 2,20 Metern. Am Ostende des Wohnstollens findet sich ein Schacht für den Einbau einer Panzerglocke. Dieser Einbau erfolgte nie, weil 1917 sämtliche Bauarbeiten an den Festungsanlagen eingestellt wurden. Von diesem Baustopp künden auch unfertige Betonunterstände und andere »Betonklötze«, die in ihren ausgesprengten Felsvertiefungen wie Brückenfundamente anmuten. In den »Rohbauten« fehlen überdies explosions- und gassichere Raumabschlüsse sowie festungsmäßige Schartenverschlüsse und Panzerteile. Die vorgesehenen 7,5-cm-Geschütze in Panzerkuppeln kamen ebenfalls nicht mehr zum Einbau. 1941/42 war das Nordfort behelfsmäßig mit Feldgeschützen und schweren Granatwerfern bestückt. Zahlreiche, provisorisch in die Brustwehren eingelassene MG-Nester verstärkten die Anlage.

Hafenausfahrt Balaklawa

Das Fort ist in großen Teilen erhalten und begehbar. Die Schützengräben sind in ihrer Bauweise gut erkennbar. Die meisten feldmäßig überdacht gewesenen Unterstände in den Grabenwänden sind zerstört, die betonierten Unterstände im nördlichen und südlichen Zipfel des Festungsareals geborsten beziehungsweise gesprengt. Der Befehlsstand weist mittlere bis schwere Beschußspuren auf, ist aber teilweise zu begehen. Von den drei Ausstiegsschächten ist der steigeisenbewehrte noch zu benutzen, die beiden anderen sind mit Schutt gefüllt, die Treppen verrostet und brüchig.

Vom Südfort hat die Gruppe Egger nur die meerwärts liegenden Abschnitte dicht an der Steilküste in Augenschein genommen. So unter anderem einen betonierten Laufgraben, der zu einem halbrunden Beobachtungsstand aus Stahlblech führt und über den Rand des Felsabhanges hinausragt. Von diesem idealen »Aussichtspunkt« sind die Hafeneinfahrt von Balaklawa und die Berge jenseits des Hafenbeckens sowie die Steilküsten in Richtung Osten und Westen zu überblicken. Die Ruinen der Genuesen-Türme aus dem 13. Jahrhundert weisen bereits auf die strategische Bedeutung der Bucht von Balaklawa hin.

Alte Küstenforts

Zur Sicherung der Einfahrt der Sewernaja-Bucht und der Reede dienten neben drei Erdbatterien fünf gemauerte: Die Forts Konstantin, Michael und Katharina auf der Nordseite sowie die Forts Nikolaus und Paul auf der Südseite der Bucht.

Konstantin, auf einer Landzunge strategisch günstig postiert, war ein zweistöckiger Kasemattenbau in Hufeisenform aus Kalk- und Bruchsteinen. Die 94 Geschütze der Batterie (1853) verteilten sich auf die beiden »Decks« und die Plattform (Flachdach hinter einer Brustwehr).

Von den Verteidigungsbauten aus dem Krimkrieg war Konstantin im Zweiten Weltkrieg einer der mit am schwersten umkämpften Komplexe.

Die Batterie wurde anläßlich der 200-Jahr-Feier der Stadtgründung kosmetisch auf Vordermann gebracht. Die Außenmauern erhielten eine Verkleidung aus Kalksteinplatten. Die effektvoll aus den Geschützpforten ragenden Kanonenrohre bestehen aus Holz und Kunststoff. Alle drei Besuchergruppen haben die wieder militärisch genutzte Bilderbuch-Anlage, auf ihrem Dach ist der Schiffsmeldedienst des Hafens installiert, von

Fort Konstantin (Detail)

der Bucht- und Seeseite her »aufs Korn« genommen. Das an exponiertem Standort weiterhin sichtbare Fort stellt einen markanten Blickfang des Hafens von Sewastopol dar.
Das Fort Michael, ebenfalls zweigeschossig und mit einer Plattform versehen, bestand aus dem Mittelteil und zwei Seitenflügeln von zusammen rund 200 Metern Länge. Im Herbst 1853 war Michael mit rund 400 Mann besetzt und mit 77 Kanonen bestückt. Diese 1942 gleichfalls umkämpfte und beschädigte Batterie präsentiert sich heute größtenteils im Originalzustand. Die unversehrten Innenräume dienen der Schwarzmeerflotte als Depot.
Das Fort Katharina, ein auf das Jahr 1793 zurückgehender und in der Folgezeit mehrfach umgebauter Komplex aus Kalkstein, Lehmziegeln und Erdanschüttungen, diente im Sommer 1942 als Standort der Flugabwehr. Das Fort ist heute zum Teil überbaut, eine Besichtigung der Reste nicht möglich.
Auf dem Gelände des ehemaligen Forts Nikolaus erstreckt sich seit den siebziger Jahren Sewastopols Küstenboulevard. Auf dem Platz des einstigen Forts Paul steht heute das Lazarett der Schwarzmeerflotte.

Sonstige Befestigungen

Die Kampfstände, Stützpunkte, Batterien oder auch Festungswerke der Nordfront wurden von der Gruppe Egger, sofern Genehmigungen vorlagen oder die Umstände (– das Erreichen war nur mit einem Geländefahrzeug möglich –) es erlaubten, aufgesucht.
»Stalin«. Die Flakbatterie rund 1000 Meter südwestlich des Bahnhofs Mekensiewy-Gory galt als Eckpfeiler des inneren Verteidigungsgürtels. Im »Nachtrag zu den Denkschriften ...« gehen die Autoren näher auf diesen Stützpunkt ein:
»Etwa am höchsten Punkt des Geländes liegt der betonierte Befehlsstand der Flakstellung mit offenem E-Messer. Um ihn gruppieren sich 3 gemauerte, mit Stahlträgerlage und 40 cm starker Betondecke geschützte Unterstände sowie 4 Flugabwehrkanonen 7,65 cm in offenen gemauerten Kesselbettungen auf Schwenksockeln fest eingebaut. In der Brustwehr des Kesselstandes befindet sich auf jeder Seite eine Munitionsnische. Im Verlaufe der Belagerung der Festung wurden die Flak für den Erdkampf eingesetzt und die Anlage durch äußerst geschickt dem Gelände angepaßte Feldstellungen, etwa 20 MG- und Scharfschützennester und 4 feldmäßige MG-Schartenstände, zur Bestreichung der Abhänge des Hügels verstärkt. Ein Drahtzaun, 1,60 m hoch und 0,50 m breit, umgab die gesamte Anlage. Die Verminung war schwach.
Die nach dem Krieg vorübergehend wieder als Flakbatterie genutzte Anlage ist heute restlos zerstört. Buschwerk, Dornengestrüpp und Hungergras überdecken die Relikte wie geborstene Träger, pulveresiertes Mauerwerk und verrostetes Metall. Sogenannte »Archäologen«, wie der Begleiter Dimitrij J. Stognij die Leichenfledderer und Schlachtfeldschleicher nennt, haben überall ihre Spuren hinterlassen: aufgekratzte Erde, achtlos beiseite geworfene Uniformreste, Stiefel – und auch menschliche Knochen. Die Raubgänger sind scharf auf Goldzähne, Eheringe oder auch Orden und Erkennungsmarken, die auf dem entsprechenden Markt die heißbegehrten Devisen einbringen.
»Wolga«. Der Infanterie-Stützpunkt lag in unmittelbarer Nähe der Flakbatterie »Stalin«. Er bestand aus mehreren Bunkern, einem Grabensystem, MG-Nestern und war in Erwartung des deutschen Angriffs mit Feldgeschützen und Granatwerfern verstärkt worden. Nach dem Krieg diente »Wolga« den Sowjets noch einige Zeit als Flakstellung. Heute ist die Anlage eingeebnet. Das Gelände erinnert an eine Heidelandschaft. Von hier besteht Sichtkontakt zum Standort des einstigen Kampfstandes »GPU«. Das Gelände ist teilweise überbaut.
»Tscheka«. Ein Beispiel für die aus dem Krimkrieg stammenden älteren Kampfanlagen beziehungsweise Erdschanzen. Der »Nachtrag zu den Denkschriften ...« im einzelnen:
Sie lag 2 bis 3 Kilometer nördlich der Swernajabucht als Stützpunkt der inneren Verteidigungslinie und bestand ursprünglich nur aus 3,5 m hohen Wällen und 3 m tiefen geböschten Gräben. Im Stützpunkt Tscheka waren, nach der Bauweise zu urteilen, schon vor dem Weltkrieg zwei die feindlichen Gräben flan-

Zerstörtes Fort Konstantin vom Eingang (Landseite) aus gesehen (1942)

kierende äußere Grabenstreichen für Infanteriewaffen eingebaut. Die Seitenwände bestanden aus 1,50 m starkem Beton, die über einer Eisenträgerlage angeordnete Betondecke war 1,1 m stark. Ein Hohlgang führte unter der Grabensohle zu den in den Wall eingebauten zweistöckigen Betonunterständen. Einen dritten Betonunterstand barg ein Wallstück im Innern des Forts. In die Dammkrone des Ringwalles war ein in Holz gezimmerter Vierschartenstand eingebaut; er sollte die Bestreichung des völlig flachen Vorgeländes mit MG ermöglichen. Zahlreiche Unterstände in behelfsmäßiger Bauart, am Fuß der äußeren Graben- und inneren Wallböschungen angeordnet, sowie Postenlöcher und Schützengrabenstücke in den Dammkronen vervollständigten den Verstärkungsausbau. In der hier beschriebenen Weise waren fast sämtliche älteren Erdschanzen zu Knotenpunkten der inneren Verteidigungslinie in ständigem oder behelfsmäßigem Ausbau hergerichtet worden.

Von »Tscheka« ragen heute nur noch geborstene Betonteile etwas aus der ansonsten eingeebneten Anlage. Diese ist allseits von fruchtbaren Rebenfeldern umgeben. In Sichtweite Richtung Nordosten ragt ein Antennenwald an der Stelle aus dem Grün der Felder, wo sich ehedem der Kampfstand »Molotow« befand. Über den derzeitigen Zustand war diesmal nichts zu erfahren – militärisches Sperrgebiet der Sonderklasse. Die Antennen deuten auf eine Nachrichten- beziehungsweise Fernmeldezentrale hin.

Kleinkampfanlagen

Die Einzelgeschütz-, MG- und Beobachtungsstände waren meist aus Eisenbeton, nichtarmiertem Stampfbeton und Betonformsteinen errichtet, manchmal auch aus Kalkstein, den man in der näheren Umgebung gebrochen hatte. Für die Bauwerksdecken dienten häufig Schienen oder Baustahlträgerlagen. Der »Abteilung Auswertung fremder Landesbefestigungen« war die Bauweise der verschiedenen Schartenstände mehrere Seiten Beschreibung wert. Hier einige Auszüge:

Anfangs ging die Gestaltung der Formsteinbauelemente von der vorgegebenen Normalform eines bestimmten Kampfstandes aus, der durch gekröpfte Schnitte in eben noch transportable Großteile von 20 bis 60 Zentnern Gewicht zerlegt wurde. Zu einem bestimmten Bauwerkstyp gehörten also die für ihn besonders vorgesehenen Formsteinteile, die sich schon beim losen Zusammenbau durch zweckmäßigen Fugenschnitt fest ineinanderkeilen ließen. Dem Vorteil des festen Gefü-

MG-Stand, von der Eingangsseite aus gesehen

ges standen aber der Nachteil der schweren Einzellasten, die damit verbundene Transport- und Bauerschwernis und die engbegrenzte Verwendbarkeit gegenüber. Die im Festungsbereich von Sewastopol angetroffene Bauweise scheint diese Nachteile vermeiden zu wollen. Sie bedient sich einiger weniger, gleichsam wie zu einem Stein- oder Holzbaukasten gehörender genormter Block- und Balkenformate, die im Gewicht viel leichter (2 bis 6 Zentner) und in ihren Abmessungen so aufeinander abgestimmt sind, daß sich mit 9 bis 12 Steintypen eine Menge einfacher Kampfstandsformen wie MG-Ein- und Mehrschartenstände, Geschütz-, Granatwerferstände usw. aufbauen läßt. Man kann sich sehr wohl denken, daß zum schulmäßigen Einüben der Bauweise kleine Modellbaukästen geschaffen worden sind.

Aus einem erbeuteten Baumusterheft ist eines der zahlreichen Anwendungsbeispiele ausgewertet. Die Steine haben genau aufeinanderpassende Löcher, die eine gegenseitige Verankerung der einzelnen Schichtfolgen mittels einzubetonierender senkrechter Stahlbolzen ermöglichen.

Diese neuere Bauweise ist in Sewastopol außerordentlich häufig, aber in großer Eile ohne Sorgfalt angewandt worden. Die einzelnen Bauelemente waren schon von der Fabrik aus nachlässig hergestellt, zeigten Kiesnester und verbogene Eiseneinlagen, die nicht die erforderliche Betonüberdeckung hatten, die Bauwerksfugen waren nicht vermörtelt und die Ankereisen meist weggelassen oder, wo vorhanden, nicht einzementiert. Während die früher beschriebenen Baukörper in Versuchsschießen erst durch 3 Schüsse der 8,8 cm Flak aus 800 m Entfernung zerstört wurden, wobei die Formsteine selbst nur unwesentlich litten, zeigten die Formsteine im Bereich von Sewastopol zweifellos eine geringere Widerstandskraft, die in erster Linie auf die mangelhafte Verarbeitung, aber auch auf die um ein Drittel geringere Baustärke und das viel geringere Gewicht der Einzelteile zurückzuführen ist.

MG-Stand aus Eisenbeton mitten in der Stadt (1993)

Neben der Betonformsteinbauweise vertrauten die Sowjets auch auf die Holzblockhausbauform. In der Parpatschwj wurden zudem Stahlgußhauben mit einer Wandstärke von 1,5 Zentimetern sowie Betonringe mit Wandstärken von 15 Zentimetern aufgefunden. Sie dienten zum raschen Bau von MG-Ständen. Als Pfähle im Fleisch der deutschen Angriffstruppen wirkten die schweren Panzerbatterien Maxim Gorki I und II. Sie bildeten die Hauptstützen der Sewastopoler Festungsartillerie. Ganz bewußt an den Schluß dieses Kapitels gestellt, sollen

Geschützstand aus Eisenbeton auf der Straße Sewastopol-Balaklawa (1992)

Die zerstörten Panzertürme aus der Stuka-Perspektive (Foto: Hptm Otto Schmidt, 7./St. G. 77)

auch Waffentechnik und Besonderheiten eingehend behandelt werden. Einzelheiten ihrer Einnahme finden sich im Kapitel »Die Erstürmung«.

Maxim Gorki I

Die in den Jahren 1914 bis 1934 errichtete Panzerbatterie Maxim Gorki I (russ.: Batterie Nr. 30) liegt fünf Kilometer nördlich des Hafens von Sewastopol. Der Batterieblock befindet sich auf der Westnase eines schmalen Höhenrückens. Dieser senkt sich nach Norden hin ins Belbek-Tal und teilweise auch nach Süden, wo er steil und gerölIig abfällt. Nach Osten hin steigt er wellig an und geht in ein breiteres Höhengelände über. Die Entfernung von der Batterie zum Küstensaum beträgt etwa 1000 Meter. Die beiden Zwillingstürme mit zusammen vier 30,5-cm-Rohren (Länge 15,82 Meter) waren um 360 Grad schwenkbar und konnten mit Hilfsbeobachtung auch gegen Landziele wirken. Die maximale Reichweite betrug 44 Kilometer. Ansonsten aber war die Batterie seewärts ausgerichtet. Der Deckenpanzer maß 20, der Seitenpanzer 30 Zentimeter. E-Meßstand, Funk- sowie Feuerleiterstand entsprachen neuzeitlichem Stand (1942). Diese Geräte befanden sich rund 750 Meter von der eigentlichen Batterie nach Osten abgesetzt, auf einer erhöhten Schwelle des Bergrückens; von Deutschen als »Fort« oder »Bastion« bezeichnet. Batterie und Bastion waren mit einem tiefliegenden Hohlgang von etwa 500 Metern Länge miteinander verbunden.

Der Batterieblock aus Eisenbeton, der eine sorgfältig geleitete Bauausführung erkennen ließ, umfaßte rund 5000 Quadratmeter Grundfläche und besaß drei bis vier Meter Deckungsstärke (nach dem Krieg verstärkt auf fünf bis sechs Meter). Die seitlich gestaffelte äußere Kraftstation entsprach der gleichstarken Bauweise.
Batterieblock und Bastion waren rundum gesichert durch Minen, Drahtsperren, in den Fels gesprengte oder betonierte Schützengräben sowie Granatwerfer- und MG-Stände. Die Turmgeschütze waren in der Lage, mit Schrappnell in den Nahkampf einzugreifen. Die Besatzung umfaßte rund 300 Mann; sie wurde vor dem Sturmangriff um 120 Mann verstärkt zur Rundumverteidigung.

Die weitere bau- und waffentechnische Beschreibung ist aus Gründen der Authentizität dem schon mehrfach erwähnten »Nachtrag« entnommen. Die Autoren weisen zunächst ausdrücklich darauf hin, daß beide Batterien (Maxim Gorki I und II) alle bisher in Rußland bekannt gewordenen an Umfang und Baustärke übertreffen. Hier die Beschreibung von Maxim Gorki I, wobei wegen der vorgefundenen Zerstörungen nur die wesentlichen Einzelheiten nach Maß und Zweck mehr oder weniger sicher festgestellt werden konnten:

Die in ihrer Erhöhung voneinander unabhängigen Geschütze (Anm.: gemeint sind Rohre) *waren alter Bauart (1914) ohne Rohrrücklauf. Der Rückstoß des Schusses wurde starr über die Schildzapfenlager auf die rd. 2,5 m hohen und 10 m langen kastenförmig genieteten Blechträger der Lafette übertragen, die zum Teil auch das Gewicht der rd. 300 t schweren Turmpanzerung aufnahmen. Letztere hatten Aussparungen für den Durchgriff der Geschützrohre sowie für 3 Beobachtungshauben, von denen 2 kleinere vorn beiderseits der Rohre und eine größere am linken Turmrand lagen. Der Seitenpanzer bestand aus 11 bis 12 kegelschalig gewölbten Platten von 2,5 m mittlerer Länge, zusammengehalten mittels schwalbenschwanzförmiger Nuten und Federn. Die Deckplatte zerfiel in 5 bis 6 Teilstücke, die mit dem Seitenpanzer und untereinander über Winkeleisen und Profilstahlrahmenträger verschraubt waren. Der um 360° schwenkbare Kopf des Panzerturms ruhte mit ringsumlaufendem Kugellager auf einem festen zylindrischen Unterteil. Für jedes Geschütz war ein am drehbaren Turmoberteil befestigter, die Ladeschwinge führender Munitionsaufzug eingebaut. Zum seitlichen Transport der Munition von den aus den Munitionsräumen kommenden Förderbändern zum Aufzug diente eine im Turmunterteil eingebaute Drehbühne.*

Alle Bewegungsvorgänge des Panzerturmes, seiner Geschütze und ihrer Munition wurden von Elektromotoren bedient. Auf der obersten Turmplattform angebrachte Preßluftflaschen dienten wahrscheinlich als Hilfsmittel zur Rohrreinigung. Zu jedem Geschützturm gehörten zwei Geschoß- und zwei Kartuschkammern, beide rd. 4,5 m breit und 20 m lang. Die Geschoßkammer war mit den erforderlichen Winden und Kranen für den Transport der Geschosse vom Lager zum Förderband, die Kartuschkammer unter anderem mit selbstschreibenden Wärme- und Luftfeuchtigkeitsmessern ausgestattet. Jedem Geschützturm entsprach ein eigener Werkzugang, der nach außen in einem geräumigen Querflur mit 2 Ausgängen mündete, als Gasschleuse ausgebildet war und mit Dusch- und Umkleideräumen in Verbindung stand.

Zwischen westlichem und ostwärtigem Werkzugang erstreckten sich die Räume für die Maschinenanlage des Werkes, für die Heizung, Lüftung und Luftreinigung. Zahlreiche weitere Räume dienten als Unterkunft, Vorratslager und sonstige Versorgungseinrichtungen. Küche, Revierstube, Operationsraum und Kasino fehlten nicht. Fast alle Räume waren durch 1,5 bis 3 cm starke Panzertüren voneinander getrennt, doch besaß der große Längsflur keine Zwischenabschottungen ... Die Eisenbetondecke ruhte auf einem Gewölbe von Stahlträgern, U-Profil 30 cm, die mit Flanschen nach unten dicht an dicht verlegt und mit einer 20 cm starken Asphaltmakadamschicht überdeckt waren. Diese bezweckte den Schutz der Innenräume gegen Feuchtigkeit und gegen Erschütterungen beim Beschuß, zumal letztere unter Wölbflächen besonders in Erscheinung treten. Die obersten 30 cm der Bauwerksdecke bestanden aus dichtem Granitschotterbeton auf Asphaltfilzunterlage und dienten als harte Auftreffschicht.

Die Deckenstärke des Batterieblocks schwankte je nach Raumlage, denn das Bauwerk schmiegte sich in der Längs- und Querrichtung dem Längs- und Querprofil des Höhenrückens an, wobei Höhenunterschiede zwischen den Räumen meist durch Stufen und Treppen, in den Fluren aber durch Längsgefälle ausgeglichen wurden. Die Gesamtanlage war grundsätzlich einstöckig, wenn man davon absieht, daß man den Panzerturm mit seiner mittleren und oberen Plattform als dreigeschossig bezeichnen könnte (Anm.: Es handelt sich also nicht um einen dreistöckigen Batterieblock, wie in Sekundärquellen angegeben). *Jedoch waren die Räume der Maschinen- und Gasfilteranlage, teils in Anpassung an das Gelände, teils zur Erzielung der nötigen Raumhöhe, etwa 1,5 m tiefer gelegt als die anderen Räume. Ferner waren einzelne Räume zur Aufnahme von Vorratsbehältern, Zisternen und Rohrleitungen unterkellert, wie z.B. der den Batterieblock längs durchlaufende Hauptflur.*

In der Nordostecke des Batterieblocks führt ein Betonschacht von 1,3 m Durchmesser mit Steigleitern zum 10,5 m tiefer liegenden Hohlgang, der im Querschnitt 0,90 auf 1,90 m mißt. Seine gegen den standfesten Kalkstein betonierten Wände tragen die Leitungen für Licht und Kraft sowie für die Nachrichten- und Befehlsübermittlung. Unter der Hohlgangssohle liegen Abwasserrohre mit Gefälle zur Mitte der rd. 600 m langen Strecke, wo sie durch einen nach Süden quer ablaufenden bekriechbaren betonierten Entwässerungsstollen zu der im Tal liegenden Absitzanlage geführt werden, den Höhenunterschied in mehreren Fallschächten überwindend.

An das Ostende des Hohlganges ist das Untergeschoß des Feuerleitstandes angeschlossen. Das etwa 37 m unter Tage liegende Untergeschoß enthält in seinem westlichen Teil (links) außer einer kleinen Dieselkraftanlage, die es notfalls vom Batterieblock unabhängig macht, Räume für Heizung, Lüftung und Luftfilterung. Im ostwärtigen Teil liegen der Befehlsstand des Kommandeurs, der Raum für das Rechengerät und der Planraum. Im rechten Drittel der Anlage befindet sich ein Schacht, der mit Steigleitern und Personenfahrstuhl aufwährts führt ...

Der Feuerleitstand enthält einen unter kräftigem Panzer gedeckten Beobachtungsstand für Periskopbeobachtungen sowie eine Funkstation in einem Eisenbetonbau, der Deckungsstärken von 2,5 bis 3,5 m aufweist. Von dem in üblicher Weise gestalteten Bauwerksausgang führt ein Hohlgang zum E-Messer.

Der Energiebedarf des Werkes war sehr groß. Für das Schwenken der Panzertürme und der Drehbühne, das Bewegen der Geschützrohre, den Munitionstransport aus den Munitionslagern über die Förderbänder und die Aufzüge bis zum Rohr, für das Ansetzen und Einschieben der Munition in das Rohr dienten Elektromotoren. Luftkompressoren für das Einspritzen des Heizöles in die Kessel, deren überhitzter Dampf zum Anwärmen der angesaugten Frischluft diente, wie überhaupt die ganzen Luftfilter- und Luftverteilungsanlagen wurden elektrisch betrieben. Dazu kam der Stromverbrauch für den Antrieb der Wasserversorgungspumpen, der Maschinen in den Werkstatträumen, für den Fahrstuhlbetrieb, für die Funk- und Fernsprechanlage, die artilleristischen Kommandogeräte und die Akkumulatoren der Notstromversorgung sowie das ganze Lichtnetz. Der erforderliche Strom konnte sowohl aus dem Überlandnetz bezogen als auch im Werk selbst erzeugt werden.

Im Transformatorenbau, also außerhalb des Batterieblocks, standen ein mit Dieselmotor betriebener Stromerzeuger von rd. 50 kW sowie ein Transformator zur Umwandlung einer aus dem Überlandnetz bezogenen Drehstromleistung von 6000 Volt auf 400 Volt mit 180 kW und ein entsprechender Motorengenerator, der diese Leistung von 400 Volt Drehstrom in 220 Volt Gleichstrom umformte. Im Batterieblock dienten zwei Transformatoren von zusammen 320 kW zur Umwandlung einer Überlandnetzspannung 35 000 Volt in 400 Volt Drehstrom, der mittels zweier Motorengeneratoren in Gleichstrom 200 Volt umgeformt wurde. Ferner waren zwei Dieselaggregate aufgestellt, die zusammen 220 Volt Gleichstrom mit 1680 Ampère = 370 kW hergeben konnten. Eine kleine Dieselanlage im Untergeschoß des Feuerleitstandes lieferte als Notstromanlage 26 kW.

Insgesamt waren also die ungewöhnlich hohe Leistung von 450 kW Eigenerzeugung und 500 kW Fremdbezug eingebaut (mit 1000 kW können über 20 000 Stück 40kerzige Glühlampen gespeist werden). Da die Stromleitungen vielfach offen, ohne Panzerschutz verlegt waren und Kurzschlußschalter fehlten, fielen unter den Kampfeinwirkungen in kurzer Zeit alle Maschinenanlagen aus.

Heutiger Zustand Maxim Gorki I

Die 1942 eroberte, aber keineswegs entscheidend zerstörte Anlage wurde ab 1954 wieder hergerichtet. Unter weitgehender Beibehaltung des alten Grundrisses wurden vor allem Wände und Decken von drei bis vier Meter Stärke auf fünf bis sechs Meter verstärkt. Diese Veränderungen führten zur Anhebung der Oberfläche des Batterieblocks und damit zu einem Herausheben der Panzertürme über das einstige Geländeniveau. Die zerstörten Zwillingstürme wurden durch Drillingstürme des Schlachtschiffes *Poltava* der *Gangut*-Klasse ersetzt. Das Schiff war 1922 in Petrograd (heute St. Petersburg) nach einem Brand an Bord außer Dienst gestellt worden und diente fortan bis zu seiner endgültigen Abwrackung (vermutlich 1946) als Ersatzteillieferant. Der Geschütztyp wurde in den Jahren 1912 bis 1914 auf den Schlachtschiffen der *Gangut*- sowie der *Imperatrica-Marija*-Klasse als schwere Hauptartillerie eingebaut (pro Schiff = vier Drillingstürme). Vier Geschütze dieses Typs bauten die Deutschen im Zweiten Weltkrieg in die Marineküstenbatterie »Mirus« auf der Kanalinsel Guerney ein. Die 30,5-cm-Rohre (30,5 L/52) wiegen jeweils 49 Tonnen bei einer Länge von gut fünfzehn Metern. Gegenüber der Gruppe Neumann gaben die Marineartilleristen des »neuen-alten« Maxim Gorki I das Geschoßgewicht mit 350 bis 600 Kilogramm, die Reichweite mit 42 Kilometern an.

Man betritt das Werk durch den gleichen Osteingang wie damals. Auch die Raumaufteilung und die gewölbte Deckenkonstruktion sind im wesentlichen unverändert geblieben. Panzertüren, das vorherrschende Marinegrau im über 100 Meter langen Mittelgang sowie das trübe Deckenlicht lassen an das Innere eines Kriegsschiffes denken.

Während der Gruppe Neumann im Mai 1992 noch die meisten Teile des Komplexes verborgen bleiben (Fotografierverbot sowieso), werden der Gruppe Egger im September 1993 etliche Privilegien zuteil. Oben auf dem Batterieblock angekommen, schwenken die Geschütztürme gleichsam zur Begrüßung, bewegen sich die Rohre wie winkend auf und ab. Mehr noch: Der Kommandant, ein russischer Major, läßt zu Ehren der Gäste Ge-

schützexerzieren demonstrieren. Ein Rollenförder bringt zunächst die Geschosse aus der Tiefe des Munitionsraumes durch das mit Stahlschotten gesicherte Übergabefenster in die Turmbasis. Eine Segmentschwinge übernimmt das Geschoß und befördert es auf einer kurzen Transportstrecke zum Geschoßaufzug weiter. Auf der gegenüberliegenden Seite passiert ähnliches mit den Kartuschen. Nachdem Geschosse und Treibladungen an den Verschlußblock gelangt und Ansetzer die Fracht ins Rohr geschoben haben (dies freilich wurde nur simuliert), fehlte als Abschluß eigentlich nur noch der scharfe Schuß. Wenn heute die Batterie feuern würde, der letzte Schuß soll in den sechziger Jahren abgegeben worden sein, würden die inzwischen überall mehr oder weniger illegal gebauten Schuppen, Ställe, Häuschen und Datschen rund um das Werk wie Kartenhäuser davonstieben, erläutern die als »Bärenführer« abgestellten Batterieoffiziere. Diese sind mit Begeisterung bei der Sache, tauen nach etlichen fachlichen Fragen seitens der Besucher zusehends

Steilküste in Höhe Maxim Gorki II

auf und führen ihre Batterie voller Waffenstolz vor. Welch ein Wandel innerhalb eines Jahres! Der Abschied fällt denn auch überaus herzlich aus. Wie schon beim ersten Besuch treten alle oben auf der Bunkerdecke zum Gruppenfoto an. Im Hintergrund die Geschütze. Die sind mittlerweile von den Tarnnetzen befreit, fotofreundlich gewissermaßen. Ob sich tief im Innern des Werkes taktische Nukleargefechtsköpfe befinden, wie gerüchteweise zu hören ist, das will die Gruppe nicht erfragen; will die Gastgeber nicht in Verlegenheit bringen.

Maxim Gorki II

Die Panzerbatterie Maxim Gorki II (Batterie 35), zwei Kilometer südostwärts von Kap Chersones dicht am Rand der Steilküste, besaß, wie die Schwesterbatterie im Norden, eine moderne technische Ausstattung und hohe Kampfkraft. Sie verfügte ebenfalls über vier 30,5-cm-Marinerohre in zwei Geschütztürmen. Ihre Bauzeit lag zwischen 1912 und 1934. Vom Grundkonzept her identisch, gab es im Grundriß allerdings erhebliche Unter-

Kehlseite Maxim Gorki II (Zugang zum Batterieblock)

schiede. Wie Maxim Gorki I hatte auch Maxim Gorki II den Nachteil des Zusammenballens stärkster Feuerkraft in einen einzigen Baukörper und der leichten Erkennbarkeit ihrer massigen, über den Horizont hinausgehobenen Panzertürme.

Auch die Geschütze dieses Werkes waren allseitig schwenkbar und somit gegen Landziele einzusetzen. Freilich fehlten auch hier planmäßig vorbereitete B-Stellen. Die Sowjets behalfen sich für den artilleristischen Fernkampf mit Feldkabelanschluß und nach dessen Ausfall mit Planschießen. Wie die Schwesteranlage im Norden besaß auch Maxim Gorki II einen eigenen Vollspurgleisanschluß.

Die 1942 nachhaltig zerstörte und 1944 zusätzlich gesprengte Batterie wurde nicht wieder aufgebaut. Man hat sozusagen alles stehen und liegen gelassen – bis auf den heutigen Tag. Von der einstigen Kernanlage künden nur noch gewaltige verrostete Basiszylinder sowie geborstene Betonfundamente des einstigen Batterieblocks sowie der Kehleingang, über den man die Ruine eher kriechend und tastend »betreten« kann. Das labyrinthartige, unterirdische und stockdunkle Chaos aus zerschmettertem Beton, in Trümmern eingequetschten Geschossen sowie Stahl- und Eisenträgergewirr und eingestürzten Decken ist nur unter Lebensgefahr zu durchdringen. Überall lauern im Boden Löcher, Schachtzugänge und andere Öffnungen. Beim maulwurfartigen Kriechen und gebücktem Vortasten erkennt man im Schein der Taschenlampen zerstörte Unterkünfte, Maschinenräume, Werkstätten, Tanks, Entlüfter, Luftreiniger, Heizung und natürlich die ehemaligen Geschoß- und Kartuschräume, diese teilweise normal begehbar. Die beim ersten Untersuchen entdeckten, in die Tiefe oder seitwärts wegführenden Stollen und Gänge führen tatsächlich zur Steilküste und zu den übrigen Batterieanlagen, wie die zweite und gründlichere Untersuchung ein Jahr später ergibt.

Diese zweite Untersuchung durch die Gruppe Egger ist systematischer: Nach dem Betreten des Batterieblocks über die ehemalige Gasschleuse beziehungsweise die Dekontaminationsräume liegen geradeaus auf der Achse des Eingangs die Sockelreste des einstigen ersten Geschützturmes (mit Geschoß- und Kartuschräumen) und dahinter, auf gleicher Achse, die Reste des zweiten Geschützturmes. Relativ gut ist der rechte Teil des Werkes zu begehen. Hier befanden sich die Unterkünfte, Toiletten, ein Maschinenraum, Heizung und Küche, soweit diese noch zu identifizieren waren. Der linke Flügel ist schwierig bis überhaupt nicht mehr begehbar. In den zerstörten Munitionsräumen finden sich noch Geschoßreste, halbverschüttet, geplatzt oder ausgeblasen. In den kreisrunden Betonwänden mit ihren rostbraunen Stützringen der (nicht mehr vorhandenen) Drehtürme sind hinter Gestrüpp und Buschwerk die Geschoß- und Kartuschfenster zu erkennen, durch die die Munition nach oben zu den Rohren befördert wurden.

Der gesamte Komplex birgt noch etliche Geheimnisse; ein Eldorado für Festungsforscher. Das gilt nicht zuletzt für die zahlreichen Einzelanlagen rund um den Batterieblock. Dazu gehören unter anderem:

- Artillerie-Beobachtungsstand mit 45-cm-Panzerung (teilweise abgeschweißt). Zum Stand gehörte eine offene Kesselbettung für ein E-Langbasisgerät. Zwei Tiefschächte führten zum Feuerleitstand, der mit dem Batterieblock verbunden war.
- Melde- und Postunterstand aus Kiesbeton; der 3×3 Meter große Raum hatte einen gedeckten Zugangsschacht.
- MG-Schartenstand aus Schotterbeton für drei MG.
- Maschinensatzbunker mit gedecktem Zugang.

Auf der Decke über dem Eingang des Batterieblocks steht eine Gedenktafel mit folgendem Text: »Das 35. Küstenbataillon unterstützte während der heldenhaften Verteidigung von Sewastopol 1941–1942 mit der Feuerkraft seiner Waffen die Verteidiger der Stadt. Die letzten Tage der Verteidigung befand sich der Stab des Verteidigungsbezirkes Sewastopol beim Bataillon.«

Die Erstürmung

Am Sonnabend, dem 7. Juni 1942, beginnt die 11. Armee unter Generaloberst von Manstein mit siebeneinhalb deutschen und anderthalb rumänischen Divi-

sionen auf der Halbinsel Krim das Unternehmen »Störfang«, den Angriff auf Sewastopol, die stärkste Festung der Welt. Der 11. Armee stehen 24 Werferbatterien, 86 leichte Batterien sowie 81 schwere und schwerste Batterien zur Verfügung. Dazu gehören auch die Mörser »Thor« und »Odin« mit einem Kaliber von 61,5 Zentimetern sowie das Riesengeschütz »Dora« – das größte Geschütz der Welt – mit einem Kaliber von 80 Zentimetern und einem Granatengewicht von 7,1 Tonnen, das hier zum ersten und einzigen Mal zum Einsatz kommt. Auf einer Frontbreite von 35 Kilometern stehen insgesamt etwa 600 Geschütze.
Unterstützt wird die 11. Armee von sieben Kampfflugzeuggruppen, drei Stuka-Gruppen und vier Jagd-Gruppen des VIII. Fliegerkorps unter Generaloberst Freiherr von Richthofen, die Angriffe auf die einzelnen Forts der Festung Sewastopol fliegen.
Inzwischen haben Schiffe der sowjetischen Schwarzmeerflotte unter Vizeadmiral Oktjabrski die Besatzung der Festung durch neue Truppen verstärkt, sie mit Nachschub versorgt und Verwundete sowie Zivilpersonen aus Sewastopol abtransportiert.
An diesem Tag erheben sich um 3.50 Uhr die Gruppen, Züge und Kompanien des LIV. A.K. aus der Melzer-Schlucht und stoßen durch die verbissen verteidigte Kamyschly-Schlucht vor. Im Laufe dieses ersten Angriffstages klettert die Quecksilbersäule auf 50 Grad Celsius! Am 11. Juni tritt das XXX. A.K. im Süden zunächst gegen die Sapun-Höhen an. Der Gegner ist keineswegs überrascht. Mit erschreckender Deutlichkeit zeigt sich bereits an diesem ersten Tag die ganze Zähigkeit des sowjetischen Widerstandes. Seine Artillerie, vor allem die schwere Panzerbatterie Maxim Gorki I, zeichnet sich durch gut liegendes starkes Feuer aus. Es erschwert besonders im Abschnitt des LIV. A.K. das Nachführen von Truppen und schweren Waffen durch das Belbektal und die Kamyschly-Schlucht. Zahlreiche schwere Granatwerfer-Batterien des Gegners können selten rechtzeitig bekämpft werden, weil ihr Abschußknall kaum zu hören war. Der Verteidiger setzt alles daran, den sich abzeichnenden Durchbruch des LIV. A.K. zur Sewernaja-Bucht zu vereiteln, indem er unter großem Munitionseinsatz ein pausenloses Feuer aller Kaliber auf die deutschen Angriffsspitzen legt.
Die Verluste auf beiden Seiten sind extrem hoch. Die 50. Infanteriedivision beispielsweise verliert an einem Tag bereits 50 Offiziere und 529 Mann. Im Süden blutet die übereilt eingesetzte 28. leichte Division in schweren Vorfeld-Kämpfen aus, ohne daß die Artillerie im zerklüfteten und unübersichtlichen Gelände helfend einspringen kann. Um »Blut zu sparen«, wird der Hauptangriff in zeitlich gestaffelte Teilangriffe zerlegt, weil nur so eine Artillerieunterstützung optimal wirken kann. Zeitraubendes Minenräumen, fast im ganzen Bereich der Nordfront, verhindert das rasche Vorstoßen – wie ursprünglich geplant.
Erst am 10. Juni gelingen der 22. I.D. sowie dem rechten Flügel der 50. I.D. unter hohen Verlusten nennenswerte Geländegewinne. Am 13. Juni kommt es zum erbitterten Kampf um den Stützpunkt »Stalin«. Es ist der erste, der in deutsche Hände fällt. Die Einzelheiten dieses Ringens um eine größere Kampfanlage sind dem »Nachtrag« entnommen:
Mit der Erstürmung der Kampfanlagen war Pionierbataillion 744 beauftragt. Die Wolfsschlucht und der in ihr längslaufende Bahneinschnitt erleichterten ihm die Bereitstellung in unmittelbarer Nähe. Der auf den 13.6. angesetzte Angriff wurde an den Vortagen durch schwere und schwerste Artillerie vorbereitet. Trotz verheerender Wirkung des Zerstörungsfeuers, das einzelne Teile der Kampfanlage gleichsam umpflügte, gelang es nicht, die Oberflächenverteidigung nachhaltig auszuschalten und alle Kampfanlagen zu vernichten. In 2 Stoßzüge, je 2 Gruppen und 1 Nachschubgruppe gegliedert, durchbrach 3./Pi.744 um 3.00 Uhr morgens ohne vorangegangenen Feuerschlag der Artillerie die schwache Drahtsperre am Osthang. Gleichzeitig gingen Sturmgeschütze von Norden her gegen die Kampfanlagen vor und lenkten das heftige Abwehrfeuer von den Stoßtrupps ab. Der Angriff verlief jedoch nicht in dem gedachten Schwung, da eines der Sturmgeschütze zu weit rückwärts gestaffelt stand und in dem Qualm die vordere Linie nicht erkennen konnte. Ein Stoßtrupp mit Flammenwerfern blieb im Feuer liegen, der Flammenwerfer fiel aus, doch gelang dem ersten Stoßtrupp, geführt vom Kompanieführer, der im Verlauf dieses Angriffs dreimal verwundet wurde, die Vernichtung eines noch feuernden Flakgeschützes. Der Feind schoß jetzt Sperrfeuer mit schweren Kalibern. In diesem zweiten Vorstoß wurde im harten Nahkampf, insbesondere durch Werfen von geballten Ladungen, der Kern des Verteidigungssystems bald niedergerungen. In geschickt angelegten Feldstellungen kämpfte der Gegner bis zur Vernichtung weiter, und in einem größeren, von weitem kaum erkennbaren Kampfstand, aus dem auch ein Granatwerfer durch eine Öffnung in der Betondecke schoß, verteidigten sich 38 Bolschewisten (Wehrmachtsterminus) *unter Führung zweier Kommisare besonders hartnäckig. Auch dieser Kampfstand mußte erst durch geballte Ladungen gesprengt werden. Mit der Vernichtung seiner Besatzung war auch der letzte Widerstand gebrochen. Bemerkenswert war das ausgezeichnete Zusammenwirken der Infanterie mit den Pionierstoßzügen, das sich in gegenseitiger Orientierung über erkannte Kampfanlagen, im Bereinigen der Feldstellungen und in der sich ergänzenden Befehlsdurchgabe bewährte.*
Dieses Beleuchten einer einzigen Szene des Schauspiels »Die Erstürmung von Sewastopol« erhellt, was hinter den lapidaren Meldungen des täglichen Wehrmachtsberichtes steckt: »Unsere Angriffsverbände nahmen gestern ein wichtiges Werk des Festungsgürtels.
An der Südfront gelingt es der 72. I.D., nach Vorbereitung durch Artillerie und Luftwaffe, das wichtige Stützpunktsystem vor den beherrschenden Sapun-Höhen südwärts Sewastopols zu nehmen.
Für den letzten entscheidenden Sturmlauf werden die Armeekorps vom 14. bis

16. Juni noch einmal umgruppiert. Die Artillerie wird vorgezogen. Am 17. Juni eröffnen die schweren Batterien der Nordfront für zehn Minuten das Feuer. Mehr erlaubt der allgemeine Munitionsmangel nicht. Zu diesem Zeitpunkt sind die Batterien/Abteilung 458 (42-cm-Haubitze); 459 (»Gamma«-Gerät = 42-cm-Steilfeuergeschütz) und 833 (»Karl«-Gerät = 60-cm-Steilfeuergeschütz«) bereits ohne Munition. Andere schwere Batterien haben nur noch geringe Munitionsausstattungen. Demgegenüber hat die gegnerische 30,5-cm-Panzerbatterie »Maxim Gorki I« keine Munitionsprobleme; sie setzt den Angreifern schwerer zu. Sie verschießt im Verlauf der Verteidigung rund 600 Granaten.

Im Belbek-Tal ist neben anderen die 1./857 mit einem 21-cm-Mörser 18 in Stellung gegangen. Der B-Offizier Leutnant Ottmar Gschwender erinnert sich: »Ich hatte meine B-Stelle während der Belagerung auf der Höhe des Belbek-Tales mit Sicht auf Maxim Gorki I, dessen donnernde Geschosse über unsere Köpfe hinwegflogen. Ein Geschoß meiner Batterie hat mit vom Kommandeur, Major Kazmeier, persönlich gelenkten direkten Schuß mit Panzergranaten des 21-cm-Mörsers, der offen schoß, einen Geschützturm durch Volltreffer ausgeschaltet.« Vermutlich handelte es sich um den Südwestturm, denn der Nordostturm war bereits durch »Karl«-Beschuß und Stuka-Bomben getroffen worden.

Am 17. Juni gelingt der 24. I.D. in blutigen Nahkämpfen die »Wegnahme« (Wehrmachtsterminus) von »GPU«, »Molotow« und »Tscheka«. Die 22. I.D. nimmt nach mehrmaligen Versuchen »Sibirien«, »Wolga« und »Ural«. Die 50. I.D., kommt an Mekensiewy Gori heran.

Am Nachmittag des 17. Juni fällt Maxim Gorki I. Über die Erstürmung dieses stärksten Bollwerks finden sich in der Literatur unterschiedliche bis falsche Darstellungen. Deshalb hier die »Nachtrag«-Aufzeichnungen:

Zum Nahangriff waren angesetzt: I.R. 213, 1. und 2./Pi. 132 und 1./Pi. 173. In den frühen Morgen- und Vormittagsstunden des 17.6.1942 wurde der Angriff über einen den Rücken ostwärts Bastion überquerenden Panzergraben hinweg nach Westen gegen zähen Feindwiderstand vorgetragen. Frontale ud flankierende Widerstandsnester wurden mit Infanterie- und Artilleriegeschützen niedergekämpft. 1. und 2./Pi. 132 rollten die Kampfanlagen der Bastionshöhe auf, während I.R. 132 den Kampf an den Süd- und Westhängen dieser Kampfanlage führte. Starkes Artillerie- und Granatwerferfeuer, z.t. aus dem Belbek-Tal und den südlich gele-

50 Grad Hitze! Freund und Feind sind nach einem Angriff vor Erschöpfung kaum zu unterscheiden

genen Hängen, Scharfschützen und Gegenangriffe erschwerten das Vorwärtskommen. Gegen 14.30 Uhr war nach erneutem Angriff der Westrand der Bastionshöhe endgültig genommen. Der Eingangshof zum Feuerleitstand (Ostende des Hohlgangs) wurde besetzt. 14.45 Uhr tritt II./I.R. 213 zur Gewinnung des Osthanges der Batteriestellung an und erreicht 15.15 Uhr zerstörte Feldstellungen 400 m ostwärts des ersten Panzerturms, während 1./Pi. 173 folgt, um diesen unter Feuerschutz der Infanterie zu stürmen. 15.45 Uhr springen 6 Pioniere mit geballten Ladungen den Turm an und vernichten dessen Besatzung. Die Besatzung des zweiten Turmes verteidigt sich zäh durch Gewehrfeuer aus einer in den Panzerplatten durch Artilleriewirkung entstandenen schartenartigen Öffnung. Unter seitlichem Feuerschutz der Infanterie gelingt dann der Pionierangriff auf diesen Panzerturm. Mit geballten Ladungen wird der Gegner in den Turmschächten niedergehalten. Inzwischen längs des Nordhanges vorgegangene Infanterie übernimmt die Sicherung des Westhanges. 16.30 Uhr gehen die Pioniere gegen die stark verteidigten Haupteingänge vor, die trotz wiederholter Versuche nicht bezwingbar sind. MG(-Schützen) werden zur Blockierung der Eingänge in Stellung gebracht. Die Besatzung ist nunmehr im Bauwerk eingeschlossen.

An den folgenden Tagen wird der Gegner im Werkinnern mit Sprengladungen, Benzin und Flammöl bekämpft. Rund 1000 kg Sprengmunition und 1000 l Brennstoff werden nach und nach in die Panzertürme eingebracht. Einzelne Überläufer verraten den Aufbau des Werkes. Am 20.6., während der Vorbereitungen weiterer Sprengladungen, erfolgt im Westturm eine Gegensprengung, die 3 Pionieren das Leben kostet. Im Werk haben die Sprengungen heftige Brände und Rauchschwaden verursacht, die ein Eindringen unmöglich machen, zumal der Verteidiger die Eingänge immer wieder neu besetzt. Am 22.6. wird 1./Pi. 173 durch 3./Pi. 22 abgelöst. Die Besatzung wird durch Sprengung des Notausganges und Abbrennen von Nebelkerzen und Öl weiter bekämpft. Der Kommandant bricht am 25.6. durch den Abwasserkanal aus, wird aber am folgenden Tage festgenommen. Am 26.6. dringt ein Stoßtrupp in das Werk ein und macht noch 40 Gefangene. Ein großer Teil der Besatzung ist durch die Spreng- und Raucheinwirkungen ums Leben gekommen. Die Anhäufung leicht entzündlicher Gegenstände in den Gängen hat den Brand genährt. Die Panzertüren wurden in der Nähe der Detonationsherde eingedrückt, an anderen Stellen vom Detonationssog ausgebeult, so daß Rauchschwaden auch in Bereitschaftsräume eindringen konnten. Das Eisenbetonbauwerk selbst hat durch die Detonationen nicht wesentlich gelitten.

Vor dem Erstürmen von Maxim Gorki I wurden allein am Vormittag des 17. Juni rund 400 Geschosse mittleren, schweren und überschweren Kalibers auf das Werk verfeuert und Bomben aus 20 Ju 87 abgeworfen. Nach Aussagen von Gefangenen haben dieser Beschuß und das Bombardement kaum Eindruck auf die Besatzung gemacht. Die Schwachstellen der Panzerbatterie waren makabererweise ihre Panzertürme, durch die der Angreifer zunächst überhaupt ins Werk gelangen konnte.

Am 19. Juni nimmt die 132. I.D. die Küstenbatterie »Schischkowa« und andere Batterien. Dem Vorstoß der 24. I.D. setzt zunächst das stark ausgebaute sogenannte Nordfort energischen Widerstand entgegen. Schließlich können, nach vier vorangegangenen blutigsten Anläufen, Sturmpioniere dieses zwar alte, aber optimal verteidigte Fort erobern. Zum Verlauf des Angriffs die »Denkschrift«:

Am 21.6., 8.30 Uhr, brechen die ersten Pionierstoßtrupps planmäßig aus einer inzwischen vorgeschobenen Bereitstellung auf die Einbruchstelle vor. Die beiden Pak eröffnen das Feuer auf die Bunkerscharten. Die Stoßtrupps erreichen zunächst in einem Sprung den Graben, werden jedoch sofort von einsetzendem MG-Feuer flankiert, wobei erste Verluste eintreten. Trotzdem gelingt es einigen Männern des Stoßtrupps, über den Graben zu kommen und drüben einzubrechen. Nach Aussagen der später zurückkommenden Leute und von Verwundeten sind diese sofort unter Anwendung von Nebel gegen ihre Ziele vorgestoßen, kamen aber in starkes, sich kreuzendes MG- und Schützenfeuer des Feindes. Dazu unternahm der Bolschewist (Wehrmachtsterminus) sofort Gegenstöße, die zu Nahkämpfen führten, ohne eine Entscheidung zu bringen.

Da von außen die Lage nicht geklärt werden kann, werden weitere Stoßtrupps beider Kompanien (Anm.: 1. und 2./Pi. 24) *zur Verstärkung nachgezogen. Diese geraten jedoch bereits auf dem Sprung zum Graben unter starkes Feuer. Nur wenige erreichen den Graben und können über den Wall vorstoßen.* (Anm.: Hier wird, wenn auch abmildernd formuliert, keineswegs der hohe Blutzoll gerade der Sturmpioniere verschwiegen. Der war in der Tat mörderisch. Alfred Wenck, ehemals 2./Pi. 22.: »In drei Wochen mußte meine Kompanie mehrmals aufgefüllt werden. Als die Kompanie wieder einmal nur noch aus sieben bis acht Mann bestand, wurden wir am 24. Juni '42 unter einem Vorwand aus dem Einsatz genommen und in Kur geschickt. Der Spieß sagte damals, ein paar Männer der Kompanie müßten schließlich übrigbleiben).

Inzwischen ist auch die Pak der rechten Angriffsgruppe außer Gefecht gesetzt worden. Die in offener Feuerstellung eingesetzten s.MG. werden nach zähem Ausharren zum Schweigen gezwungen. Aus nicht zu erkennenden Stellungen schießen MG und Scharfschützen des Feindes von allen Seiten.

Ein vom 3. (mot)/Pi. 88 schneidig vorstoßender Trupp, der, auf sich selbst gestellt, zunächst die ersten Häuser erreicht und dort in Nahkämpfe verwickelt wird, ist bald der Übermacht des Feindes erlegen und muß sich zum Wall zurückziehen ... Ähnlich geht es den Stoßtrupps der 3. (mot)/Pi. 24, die sich nur im Schutz genommener Bunker und Feldstellungen am Wall halten können. Da kein Melder unverwundet durchkommt, wird die Lage völlig haltlos; mit den jenseits des Walles festsitzenden Männern besteht nicht einmal Sichtverbindung.

Die auf der Innenseite des Walls in Erdlöchern und Bunkern sich haltenden Pioniere können weder vor noch zurück. Selbst sofort eingeleitetes Zerstörungsfeuer der Artillerie auf die beiden Spitzen, wobei die Gefährdung durch Streuung in Kauf genommen wird, zwingt den Feind nicht nieder. In zahlreichen Gegenstößen wirft er Handgranaten an der Einbruchsstelle über den Wall, doch die Pioniere halten Stand und treiben den Gegner mit Handgranaten immer wieder zurück. Aus einem innenseits des Walles liegenden Schartenstand, der eine Durchsicht in das Innere des Forts erlaubt und in dem sich 8 Pioniere halten, leitet plötzlich ein Pionier durch klar zu erkennende Zeichen mit den Händen das Artilleriefeuer gegen das Innere des Forts. Diese Gelegenheit wird ausgenutzt, um auch mit Granatwerfern Feuer dicht an die inneren Seiten des Walles heranzuziehen, so daß die erreichten Ziele, wenn auch ohne rückwärtige Verbindung, bis zum Einbruch der Dämmerung gehalten werden können. In dieser Lage, die sich aus der nicht zu erwartenden Stärke der Gegenwehr trotz der starken Artillerie- und Stukavorbereitung ergeben mußte, ist an eine Fortführung des des Angriffs in der geplanten Art nicht mehr zu denken.

Um in einem Stoß gegen die Nordspitze einen neuen Einbruch zu erzwingen, beginnt 18.30 Uhr der Kompanieführer der 3. (mot)/Pi. 24 mit dem vorgeschobenen Beobachter der Mörserabteilung ein gut geleitetes Zerstörungsfeuer auf die Nordspitze. Von 15 Schuß werden 3 Volltreffer erzielt. 19.30 Uhr scheint die Nordspitze niedergekämpft, zumindest stark erschüttert. Anschließend wird beobachtetes Störungsfeuer auf die Nordspitze und die Häuser südlich und südwestlich davon bis 21.30 Uhr weitergeführt.

Gegen die Nordspitze wird dann ein Stoßtrupp mit fast der gesamten Kampfkraft der 3. (mot)/Pi. 24, im weiten Bogen ausholend, angesetzt. Dieser dringt 22.00 Uhr, verstärkt durch 1 Granatwerfer und 1 s.MG., über Sturmleitern in die Nordspitze und besetzt sie nach harten Nahkämpfen. Hierbei werden mehrere Feldstellungen vom Feind gesäubert (Wehrmachtsterminus), *der MG-Bunker restlos zerstört und dabei 13 Gefangene gemacht. Auch in dieser Stellung hält sich der Pionierstoßtrupp gegen mehrfache Gegenstöße des Feindes mit Handgranatensalven und weist sie im Nahkampf ab. Gegen Mitternacht wird die 7./I.R. 31 der 3. (mot)/Pi. 24 unterstellt und zur Stützung der Einbruchstelle eingesetzt. Anschließend gelingt es, durch Überrumpelung der feindlichen Widerstandsnester beiderseits der Nordspitze den Einbruch bis Nordwestecke und hart südlich Südostecke (alte Einbruchsstelle des Angriffs) zu erweitern. Pi. 24 stößt gegen das Innere des Forts vor und dringt nach Überwindung nunmehr schwachen feindlichen Widerstandes bis über die Mitte ein. 3.45 Uhr sickert auch der rechte Nachbar von dem inzwischen gestürmten Fort »Lenin« aus in das Nordfort ein. Er geht, dort anscheinend ohne Feindwiderstand, gegen die Westspitze und Südwestecke vor. Von Osten her stoßen die Pionierkompanien ebenfalls in das Innere des Forts und besetzen dieses planmäßig ohne Widerstand des Feindes, der sich nun willenlos, wo er angetroffen wird, ergibt. Hunderte von Gewehren, mehrere MG und Granatwerfer sowie eine große Menge Munition werden erbeutet. Nach Gefangenenaussagen haben sich in der Nacht vom 21.6. auf 22.6. nach erfolgtem Einbruch in die Nordspitze des Forts alle Kommissare und Offiziere erschossen.*

Der für den 28./29. Juni festgelegte Generalangriff des LIV.A.K. mit dem Übersetzen über die Sewernaja-Bucht sowie des XXX. A.K. im Süden soll die Entscheidung bringen. Noch einmal raffen sich die verdreckten, abgerissenen und erschöpften Infanteristen und Pioniere auf. Noch am 28. Juni nimmt die 50. I.D. die feindlichen Schlüsselstellungen Gajtani und Inkerman, letztere eine regelrechte kleine Stadt im Inkerman-Felsmassiv östlich von Sewastopol. Die hier in den Felsen getriebenen sowie die natürlichen Stollen und Aushöhlungen dienten als Depots, Lazarett und, während der Kämpfe, als ein riesiger Luftschutzbunker für die Zivilbevölkerung. Der Inkermanfelsen soll von einem Kommissar (oder mehreren) auf einer Breite von rund 300 Metern in die Luft gesprengt worden sein. Wie auch immer die näheren Umstände wirklich waren, sie bedürfen noch der Klärung; die Sprengung hat es gegeben. Unübersehbar liegen die gigantischen und zersplitterten Felsstücke im Inkermantal. Unter ihnen sollen sich noch die umgekommenen Verwundeten, Kinder, Frauen und Greise befinden – ein mysteriöses Kapitel in der Geschichte Sewastopols.

Nach dem Überqueren der Sewernaja-Bucht durch das LIV. A.K. im Norden gelingt im Süden dem XXX. A.K. am 30. Juni das Erstürmen der gefürchteten Sapun-Höhen fast in ihrer ganzen Ausdehnung. Damit ist der letzte Verteidigungsgürtel endgültig aufgebrochen. Am gleichen Tag erreicht das LIV. A.K. mit seinen vier Infanteriedivisionen und der 4. rumänischen Gebirgsdivision die Innenstadt von Sewastopol. Am Mittag des 1. Juli 1942 steht Manstein auf dem Lenin-Platz. Am 3. Juli fällt das letzte russische Bollwerk, das Fort Malakoff. Das XXX. A.K. stößt südlich von Sewastopol vorbei nach Westen. Die 170. I.D. geht gegen den äußersten Westzipfel, die Halbinsel Chersones, vor. Die 72. I.D. stößt längs der Küste vor, wo es am 4. Juli zum letzten größeren Artillerieeinsatz gegen die Panzerbatterie »Maxim Gorki II« kommt, die schließlich von der 72. I.D. genommen wird.

Rund 50 Jahre später steht Jakob Heyer vor den Trümmern dieser Batterie, damals ein blutjunger Mensch und MG-Schütze: »Da ist so eine Sache passiert, das ist schwierig, das richtig zu erzählen . . . So viele Russen waren drin, und wir riefen: Ruki werkh – Hände hoch! Kam aber keiner. Dann doch, 100, 200 Mann. Auf jeden Fall, dazwischen war eine Frau. Auf einmal alle Gewehre auf diese Frau, und dann – schossen sie die tot. Ich wußte gar nicht, warum? Die Landser waren so verbittert, mich hat's erschreckt. Wie die Frau da . . .«

Die Reste der russischen Küstenarmee sind auf den Zipfel der Halbinsel Chersones zusammengedrängt; wortwörtlich und im übertragenen Sinn an den Rand des Abgrunds getrieben. Die Verteidiger Sewastopols haben tapfer bis zur Selbstaufopferung gekämpft. Die Überlebenden der russischen Küstenarmee gehen in Gefangenschaft – oder ziehen den Tod von eigener Hand vor. Die Kämpfe enden am 4. Juli, die sogenannten »Säuberungen« dauern bis Mitte Juli. Die Krim und Sewastopol sind endgültig in deutscher Hand.

Die Statistiker des Todes ziehen Bilanz. Die deutschen Verluste betragen: 190 Offiziere gefallen, 671 verwundet, 11 vermißt; 4 147 Unteroffiziere und Mannschaften gefallen, 17 512 verwundet, 1 580 vermißt = 24 111 Mann oder rund ein Drittel der gesamten Angriffsstärken. Die rumänischen Verluste betragen 800 Gefallene. Die russischen Verluste: 40 000 Gefallene und 97 000 Gefangene, darunter der stellvertretende Armeeführer, General Nowikow. Erbeutet oder vernichtet wurden 467 Geschütze, 26 Panzer, 824 Maschinengewehre, 758 Granatwerfer, 86 Panzerabwehrkanonen

Juli 1942 – Sewastopol ist gefallen

und 69 Fliegerabwehrkanonen. Genommen wurden 3 597 Bunker und Befestigungsanlagen aller Art, darunter die beiden modernsten und stärksten Kampfwerke Maxim Gorki I und II. Geräumt wurden 137 000 Minen. In der Zeit vom 2. Juni bis 4. Juli wurden 23 751 Angriffsflüge durch Kampfmaschinen aller Art durchgeführt, 123 feindliche Flugzeuge abgeschossen und 18 am Boden zerstört. An eigenen Flugzeugen gingen 31 verloren. Versenkt wurden vier Zerstörer, ein U-Boot, drei Transporter und etliche kleinere Einheiten.

Insgesamt verloren die Sowjets auf der Krim in der Zeit vom 21. September 1941 bis 4. Juli 1942 430 000 Mann an Gefangenen, 1 198 Panzer und 2 102 Geschütze. (Angaben nach Oberkommando der Wehrmacht vom 7. Juli 1942).

Besonderheiten des artilleristischen Kampfes

Nach dem übereinstimmenden Urteil britischer, französischer und amerikanischer Fachleute zeichnete sich die deutsche Artillerie durch

- Vorplanung und Vorbereitung, erstklassige Leistungen der »Aufklärenden Artillerie«;
- Beweglichkeit und Präzision des Schießens;
- Feuermassierung sowie
- hervorragende VBs (d.h. Vorgeschobene Beobachter) und Funker – im äußersten Fall Feuerlenkung auf eigene Stellung aus.

Von Anbeginn aber litt sie unter der Vielzahl der Geschütztypen und demzufolge unter Nachschubproblemen und Munitionsmangel. Auch diese Umstände trafen auf die Lage um Sewastopol voll zu. Eher noch erschwerend wirkte sich der Einsatz der veralteten Geschütze (z.T. aus dem Ersten Weltkrieg) eigener und fremder Produktion aus. Es handelte sich erstens um Bettungsgeschütze, die also unbeweglich waren (wenngleich im Rahmen einer »Belagerung« gerade noch vertretbar), und zweitens war ihre Munitionsausstattung zu gering, es gab nach dem Verschießen keine Munitionszuführung mehr.

Um diese Mängel auszugleichen, sollte das vorhandene Gerät mit möglichst wenig Munition große Wirkung erzielen. Das bedurfte genauer Zielzuweisungen. Diese wiederum fußten auf systematischer Aufklärungsarbeit.

Während zwei Beobachtungsabteilungen und Artilleriestäbe in wochenlanger Detailarbeit schon beim ersten Angriff günstige Schall- und Lichtmeßstellen erkundet und exponierte Ziele aufgeklärt hatten, wurden die artilleristischen Vorbereitungen für den zweiten Großangriff noch ausgedehnt und intensiviert.

Ähnlich wie heute Erderkundungssatelliten exakte Abbilder bestimmter Regionen liefern, »tasteten« die Männer der Aufklärenden Artillerie das Festungsgelände mit ihren »Sensoren« ab und übertrugen ihre Erkenntnisse planmäßig in die Angriffskarten oder Luftbildaufnahmen. Der Festungskomplex enthüllte so unfreiwillig sein Antlitz. Keine Batterie, kein Kampfstand, Stützpunkt und Einzelgeschütz entging den Augen der Aufklärung (Ausnahmen bildeten Einzelstellungen, MG-Nester und Schützenlöcher in bergigem und bewaldetem Gelände). Im einzelnen ergab sich ein Abbild des Festungsareals, das übersät war (Terminologie gemäß deutscher Angriffskarten): Kampfanlage, bombensicher / Kampfanlage, schußsicher / andere Kampfanlagen / Klein-Kampfanlage / Bereitschaftsraum / Panzergeschützturm / offener Beobachtungsstand / Hochstand / Befehlsstelle / Panzerbatterie / Wanderbatterie / schwere Flakstellung / leichte Flakstellung / Infanteriegeschützstand oder Einzelgeschütz / Schützennest / ausgebauter Schützengraben / Grabenstück, ausgebaut zur Feldstellung / Flächendrahthindernis / Kampfwagenhindernis / Minenfeld / Funkstelle / Kaserne / Munitionslager / Baracken- oder Zeltlager / Flugplatz / Scheinwerfer / Betriebsstofflager / Flakeinzelgeschütz / Granatwerferstand / Schützen-, Lauf- oder Splittergraben.

Die heranrollenden deutschen Batterien und Abteilungen mit ihren Flachbahn- und Steilfeuergeschützen sowie Haubitzen wirklich aller zur Verfügung stehenden Kaliber werden so gruppiert, daß praktisch jedes größere Ziel in deren Wirkungsbereich liegt. Der 11. Armee stehen für den Angriff (Unternehmen »Störfang«) zur Verfügung: 66 leichte Batterien; 81 schwere und schwerste Batterien, 1 Sonderabteilung; 24 Werferbatterien; 3 Sturmgeschützabteilungen; 3 Beobachtungsabteilungen; mehrere

Flakregimenter im Erdeinsatz und die Panzerabteilung 300 mit ferngelenkten Ladungsträgern »Goliath«. Die verbündeten Rumänen bieten 22 leichte und 12 schwere Batterien auf.
Wegen des Angriffsschwerpunktes im Norden unterstehen die Einheiten größtenteils dem LIV. A.K. mit dem Artillerie-Kommandeur 306 (Harko 306) – Generalleutnant Johannes Zuckertort.
Kurz vor Angriffsbeginn stehen dem Harko 306 an Einheiten und Geschützarten zur Verfügung (Abkürzungen gemäß Befehl für die »Artillerietätigkeit beim Unternehmen »Störfang ...«):

Einheit	Geschützart	Ist
917	19,4 cm K. (f)	3
III./111	s.F.H.18	7
815	30,5 cm Mrs.	6
502	17 cm K.I.ML.	3
857	21 cm Mrs.	6
641	M/1	1
	30,5 cm Mrs.	4
767	15 cm K. 18	3
	15 cm K.i.ML.	3
I./814	24 cm Hb.	5
II./818	10 cm K. 18	10
II.54	s.F.H. 18	10
I./77	15 cm M 37/t	8
833	21 cm Mrs.	8
II./815	30,5 cm Mrs.	5
E 672	Dora	1
688	28 cm lg.Br.K	3
743	28 cm Hb.	4
459	Gamma.Mrs.	1
458	42 cm Hb./t	1
742	28 cm Hb.	4
624	21 cm Mrs.	9
	30,5 cm Mrs.	6
741	28 cm Hb.	4
734	15 cm M 37/t	8
744	28 cm Küst.Hb.	2

Später kamen hinzu: 2 »Karl«-Geräte/ 60-cm-Steilfeuergeschütze auf Selbstfahrlafette der Schw.Art.Abt. 833).
Die Artillerie des XXX. A.K. an der Südfront untersteht dem Arko 19 (Generalleutnant Robert Martinek). Ohne die Batterien der Rumänen, Sturmartillerie und Flak sind 171 Batterien mit über 600 Geschützen und 1300 Rohren auf einer Breite von rund 35 Kilometern feuerbereit.
Eine Fülle von Artilleriebefehlen, speziellen Zielzuweisungen, insbesondere für die schweren Kaliber, Einzelanweisungen regelt die Bekämpfung nach Zeit, Ziel, Munitionsart und Anzahl der Schüsse sowie Tarnung und Schutz (z.B. Schall, Nebel). Dem eigentlichen Angriff der Infanterie am 7. Juni 1942 geht ein fünftägiges pausenloses Vorbereitungsfeuer voraus (A-5 bis A-1 Tag), unterstützt vom VII. Fliegerkorps mit täglich bis zu 2000 Einsätzen. Laut Feuerplan erfolgte das planmäßige Zerstörungsfeuer unter Einsatz aller Kaliber. Allerdings verzichteten die Deutschen auf Trommelfeuer wie im Ersten Weltkrieg, weil ein solches wegen der Eigenart des Geländes und der Vielzahl der gegnerischen Einzelziele sowie der nur begrenzten Munitionsbestände kaum Erfolg versprochen hätte.
Der Feuerplan sieht diese Abfolge vor (Auszug):
- Niederkämpfen der Feindartillerie ...
- Beginn des Störungsfeuers ins Hintergelände ...
- Zerstören einzelner befestigter Kampfanlagen durch schwerste Artillerie (z.B. »Gamma«, »Karl« und »Dora«) ...
- Zusammengefaßtes Feuer gesamter Artillerie auf Einbruchstellen.

Nach Anfangsschwierigkeiten des artilleristischen Kampfes – die Wirkung des zusammengefaßten Feuers kann nicht überall sofort und voll ausgenutzt werden, weil die angreifende Infanterie durch Abwehrfeuer aufgehalten wird – spielt sich das Zusammenwirken von Infanterie und Artillerie sowie Luftwaffe bald ein.
Die Stärke und Tiefe der feindlichen Stellungen sowie das schwierige Gelände und der Zustand der (überbeanspruchten) Divisionen erfordert laufend einen hohen Munitionseinsatz. Bereits am 7. Juni erbittet AOK 11, Ia, »laufende Zuführung eines zusätzlichen Munitions-Nachschubs«.
Im Verlauf der fortschreitenden Angriffe hält vor allem die schwere und schwerste Artillerie Kampfstände und Stützpunkte nieder. Die unbeweglichen Bettungsgeschütze kommen hier letztmalig zu nennenswerter Wirkung. Zur Abwehr sowjetischer Gegenstöße wird Sperrfeuer gelegt.
Größere Angriffspausen nutzt die deutsche Artillerie zu planmäßigem Zerstörungsfeuer im Einzelschuß gegen Bunker, Kampfstände und Feldstellungen. Infolge der zahlreichen Feuerzusammenfassungen gegen besonders hartnäckigen Widerstand sowie der feindlichen Artillerie und des Sonderschutzes für »Karl« und »Dora« haben bereits Mitte Juni etliche schwere und schwerste Batterien ihre Munition verschossen.
Am 1. Juli 1942 schweigen die Geschütze: »Sewastopol ist gefallen!«
Die Statistiker erstellen eine »Übersicht« über die beim Angriff auf Sewastopol in der Zeit vom 2. Juni bis 1. Juli 1942 verschossene Munition (Auszug):

Mun.-Art	Schuß	Tonnen
le.F.H	391000	9310
s.F.H.	87000	5400
10 cm K.	20000	667
15 cm K.	4670	482
15 cm K.(f)	5500	600
M 37/t	24100	1400
17 cm K.	371	50
19,4 cm K.(f)	2000	500
21 cm Mrs.	13500	2300
24 cm Hb.	2130	530
28 cm Hb.	2300	920
28 cm K.Hb.	750	300
lg. Bruno	897	457
30,5 cm Mrs.	4920	1640
35,5 Cm Mrs.	411	400
42 cm Hb./t	192	230
42 cm Gamma	188	225
»Karl«-Gerät	197	492
»Dora«-Gerät	48*	360
Gesamt	562944	26281

* Zu diesen 48 Panzergranaten kamen noch fünf Sprenggranaten, von denen nur eine voll laboriert war.

»Die übrigen waren Versuchsgeschosse, um V°, Rohrbeanspruchung und Schußweite festzustellen. Bei diesen Geschossen war zu befürchten, daß sie ohne Sprengladung allein durch den Aufschlag nicht zertrümmert würden. Um zu vermeiden, daß diese Geschosse dem Feinde in die Hände fielen, wie es mit einem abgeprallten »Karl«-Geschoß nach Gefangenenaussagen geschehen ist, wurden sie auf See verschossen. Der befohlene Versuchszweck wurde damit erreicht« (Meldung des AOK 11 Ia . . . an das Führerhauptquartier vom 26. Juni 1942).

Bereits am 1. Juli beginnt das Herauslösen der Heeres- und Korps-Artillerie aus der Truppe. Sondergerät wie »Gamma« und »Karl« werden zwecks Ausmusterung oder Instandsetzung Richtung Heimat in Marsch gesetzt. Die 80-cm-Eisenbahnkanone »Dora« wird der Heeresgruppe Nord (Leningrad) übergeben. Die übrige »Sewastopol-Artillerie« geht an die verschiedenen Fronten. Die schwersten und nachhaltigsten Verluste erleidet die deutsche Artillerie, vor allem die Heeresartillerie, in Stalingrad. Von diesem Aderlaß sollte sie sich nie wieder erholen.

In der Bewertung des Geschützmaterials von Sewastopol kommen die Fachleute zu folgenden Urteilen:

Die 8,8-cm-Flak im Erdeinsatz hat sich voll und ganz bewährt. Sie fungierte häufig als »Feuerwehr« in extrem kritischen Situationen. Die direkten Präzisionsschüsse auf Schartenstände und Bunker haben wesentlich zum Niederringen dieser hartnäckig verteidigten Ziele beigetragen und der Infanterie viel Blut erspart. Insgesamt wurden rund 181 800 Geschosse der »Acht-acht« im Kampf um Sewastopol verschossen. Mit den Standardgeschützen wie die 10,5- und 15-cm-Feldhaubitze, 17-cm-Kanone und 21-cm-Mörser 18 verfügte die deutsche Artillerie über leistungsstarkes Gerät. Es hat sich auf der Krim bewährt.

Die sogenannten »schwersten« und »überschweren« oder auch »allerschwersten« Gruppen (28 bis 80 cm) bekämpften ihre Sonderziele aus Beton und natürlichen Deckungen (Felsen) im großen und ganzen »mit guter Trefferlage« (aus »Bericht über Artl.-Kampf Sewastopol« des Harko 306).

Bedurften die schweren Geschütze, und hier besonders die veralteten Bettungsgeschütze, eines unverhältnismäßig hohen personellen und logistischen Aufwands, so verkörperten die allerschwersten Geräte wie »Karl« und »Dora« (60 bzw. 80 cm) eine nicht mehr zu vertretende Kaliberübersteigerung der Rohrartillerie (Einzelheiten siehe Kapitel »Letzte Hypertrophie der Rohrartillerie«).

Letzte Hypertrophie der Rohrartillerie (»Karl« und »Dora«)

»Karl«

Im Bereich Harko 306 kommen die schwersten Steilfeuergeschütze zum Einsatz, die sogenannten »Karl«-Geräte (benannt nach dem General der Artillerie Karl Becker) im Kaliber 60 cm. Ursprünglich von »Rheinmetall« für die Bekämpfung der Maginotlinie entwickelt, erfährt dieses Geschütz vor Sewastopol seine größte Bewährungsprobe. Die Feuerstellungen der beiden Geräte mit den Truppen-Eigennamen »Odin« und »Thor« der schweren Artillerie-Abteilung 833 befinden sich südlich Mamaschai und nördlich des Belbek-Tals, etwa 1,5 Kilometer der Hauptkampflinie. Den beiden Geschützen werden am 25. Mai 1942 vom LIV. A.K. die Ziele »Maxim Gorki I« und »Bastion« zugewiesen. Die Entfernung Feuerstellung – Zielgebiet beträgt etwa 3,5 Kilometer. In der Zeit vom 2. Juni bis 1. Juli verschießen »Odin« und »Thor« 172 schwere und 25 leichte Betongranaten, wobei »auf den Werken mehrfach Volltreffer unmittelbar in den Kampfanlagen erzielt wurden« (Meldung Harko 306 an LIV.A.K.). Einer der spektakulären Treffer findet Eingang in das Kriegstagebuch des Armeeoberkommandos 11: »7.6., 14.55 Uhr. Turm Maxim Gorki nach Beschuß mit Karl seit 13 Uhr Geschütze Richtung See festgeklemmt.« Mit »Geschütze« sind natürlich die Rohre eines Turmes (Nordostturm) gemeint. Ein Teil der insgesamt verschossenen »Karl«-Munition entfällt auf das Fort Malakoff. Der erforderliche Stellungswechsel erfolgte nachts.

Nach dem Fall von Sewastopol fertigen die Spezialisten der Herstellerfirma »Rheinmetall«, die die Geschütze im Einsatz zu beobachten und zu kontrollieren hatten, ihre Erfahrungsberichte. Nach positiven Beurteilungspunkten (z.B. Durchschlagsleistung) notieren sie auch Kritisches:

Die Geräte seien noch zu unerprobt für einen Fronteinsatz, die Technik im nichtartilleristischen Bereich zu anfällig. In einem privaten Brief an einen befreundeten Ingenieur von »Rheimetall«, der an der Entwicklung des »Karl«-Geräts beteiligt war, schreibt Batterieführer Major Freiherr Rüdt von Collenberg (der später die Abteilung als Kommandeur übernahm) unter anderem: »Die Mängel, die Sie erwähnen, stimmen, die Panzer (Anm.: gemeint sind die Munitionsschlepper auf Fahrgestell Kampfpanzer IV) sind mit ihrer Hebevorrichtung einer Dauerbelastung nicht gewachsen. Motor, Kupplung und Kühlung sind zu schwach, bei südlicher Hitze besonders . . . Die Leichtgeschosse haben bei 7ter Ladung mehrfach Saltos im aufsteigenden Ast gedreht – Pech! Die verschiedenen Beanstandungen sind natürlich mit Hilfe von Erfahrungsberichten längst festgelegt . . .

Das Gerät in Vollketten-Selbstfahrlafette besaß ein Maximalgewicht von 124 Tonnen und war nur bedingt geländegängig. Beim Feuern wurde mittels Motorkraft der Fahrzeugkasten abgesenkt (deutsches Geheimpatent), weil die Gleisketten den Rückstoßdruck von 700 Tonnen nicht allein hätten abfangen können. Die insgesamt sechs gefertigten Einsatz-Geräte mit der offiziellen Durchnumerierung von I bis VI wurden angetrieben von wassergekühlten 12-Zylinder-Daimler-Benz-Dieselmotoren mit einer Leistung von je 580 PS. Die Geräte trugen die Deckbezeichnung 040 (für 60-cm-Rohre) und 041 (für die später teilweise vorgenommene Umrohrung auf 54 cm = zur Reichweitensteigerung). Die Truppe gab den Geschützen eigene Namen: Für I = »Adam«, II = »Eva«, III = »Odin«, IV = »Thor«, V = »Loki« und VI = »Ziu«. Gegen Ende des Krieges erhielten auch

»Adam« und »Eva« Namen aus der germanischen Göttermythologie: »Baldur« und »Wotan«.

Munition (hier nur für 60 cm):

Gewicht schwere Betongranate	2 200 kg
Gewicht Sprengstoff	240 kg
Gewicht größte Ladung	32 kg
Durschlagleistung	
Beton	2 500 mm
Panzerstahl	450 mm
Bodenzünder	
Schußweite max.	4 300 m

Sonderfahrzeuge und Transport:
Zu jedem Geschütz gehörten zwei Munitionsschlepper mit einem Kran für die Geschoßführung. Für den Transport des Geschützes über große Entfernungen wurde das Gerät auf Spezialeisenbahnwaggons als Einzellast gefahren. Für den Landmarsch über kürzere Strecken kamen Culemeyer-Fahrzeuge zum Einsatz, die das Geschütz in mehreren Teilen transportierten. Selbstfahrbetriebe erfolgten nur zum Einfahren in die Feuerstellung oder bei Stellungswechsel innerhalb eines kleinen Sektors.

Eine Waffe wie das 60-cm-Steilfeuergeschütz hat auch nach dem Krieg wiederholt zu Beurteilungen herausgefordert. Abgesehen davon, daß man »hinterher immer klüger ist«, gilt ganz allgemein: »In seinen ballistischen Leistungen stellen ›Karl‹ und seine Munition nicht das Ideal einer rationellen Verwertung dar, wie man das von diesem Geschütz im Rahmen seiner Sonderaufgaben verlangen muß« (Oberst a.D. Karl Justrow, Artillerie-Offizier und Ballistiker). Schließlich: Der Aufwand an Personal, Material und Logistik stand in keinem Verhältnis zum »Nutzen«.

»Dora«

Vor Sewastopol kommt auch das größte und schwerste Geschütz aller Zeiten zum Einsatz: die 1 350-Tonnen-Eisenbahnkanone »Dora« im Kaliber 80 cm! Das waffentechnisch ohne Zweifel aufsehenerregende Geschütz wurde auf Betreiben Hitlers 1936 bei Krupp in Auftrag gegeben und unter strengster Geheimhaltung – die ausnahmsweise perfekt funktionierte

Das 80-cm-Eisenbahngeschütz »Dora« (hier in Rügenwald/Pommern 1943)

Bau der Feuerstellung für 80-cm-Eisenbahngeschütz »Dora« bei Bachtschissarai (April/Mai 1942)

»Dora« in der Feuerstellung vor Sewastopol

– entwickelt und gebaut. Die Schwesterkanone »Schwerer Gustav II« kam nicht mehr zu Einsatz.
Auch »Dora« (Truppen-Eigenname) war ursprünglich für das Niederringen der Maginotlinie gedacht. Sie wurde nicht »rechtzeitig« fertig. Aber Hitler will seine »gewaltigste Artilleriefaust« eingesetzt sehen. Und so ergeht der Befehl, das größte Geschütz gegen die größte Festung der Welt in Stellung zu bringen. Ein wahnwitziges Unternehmen. Denn zu diesem Zweck muß die Riesenkanone bis auf die rollenden Teile zerlegt, auf Spezialeisenbahnwaggons verlastet und tausende von Kilometern durch Feindesland transportiert werden.
Das im feuerbereiten Zustand 1 350 Tonnen wiegende »Monstrum« auf 80 Rädern, hoch wie ein dreistöckiges Haus, fast 50 Meter lang und sieben Meter breit – es rollt in der Feuerstellung auf einem speziellen Doppelgleis – beansprucht im zerlegten Zustand einschließlich Zubehör fünf Sonderzüge mit 105 Waggons! Nochmals zwei Sonderzüge müssen für die Spezialgleise in der Feuerstellung bereitgestellt werden. Für »Dora« wird eigens die 500 Mann umfassende Schwere Artillerie-Abteilung (E) 672 aufgestellt (12 Stabs- und 1 Geschützbatterie) und im April 1942 in Richtung Krim in Marsch gesetzt.
Für die Feuerstellung wird vom Abteilungskommandeur Oberstleutnant Robert Böhm, ein Areal rund 25 Kilometer nordöstlich der Hauptkampflinie, zwei Kilometer südlich der Stadt Bachtschissarai – fünf Bahnstationen von Sewastopol entfernt – erkundet. Vom Bahnhof Bachtschissarai wird zunächst ein Zugführgleis zur Feuerstellung gelegt. Noch vor der eigentlichen Feuerstellung fächert sich das Zuführgleis auf in eine dreigleisige Anlage (u.a. für die Montage des Geschützes und zum Heranführen von Munition und Ersatzteilen). Diese dreigleisige Montage- und Nachführanlage läuft in die zweigleisige Schießkurve aus. Das Geschütz selbst findet in einem künstlichen Hügeleinschnitt relativ gute Deckung gegen Sicht, während der gesamte Gleiskomplex mit seinen über sechs Kilometer umfassenden Schienensträngen mit Tarnnetzen gegen Seiteneinsicht geschützt wird. Für den Bau der Feuerstellung kommen insgesamt 1 500 Hilfswillige sowie etwa 1 000 Mann der Organisation Todt und 60 Krupp-Spezialisten zum Einsatz. Vom ersten Spatenstich bis zur Fertigstellung dieses an einen Rangierbahnhof erinnernden Komplexes werden rund vier Wochen benötigt. Die Geschützmontage bewältigen die »Dora«-Leute in drei Tagen zu je rund 16 Stunden.
Im Juni 1942 verschießt die Superkanone an fünf Schießtagen ihren gesamten Munitionsbestand von 48 7-Tonnen-Panzergranaten. Diese »Litfaßsäulen«-Projektile durchschlagen einen Meter Stahl, acht Meter Beton oder 32 Meter gewachsenen Boden – wenn sie denn treffen. Die Trefferlage wie überhaupt das Wirken dieses Sondergeschützes muß seitens der Armee dem Führerhauptquartier regelmäßig gemeldet werden. Von den 48 Geschossen können fünf als Volltreffer, weitere sieben oder acht als Treffer gelten. Das ist immerhin beachtlich, wenn man die winzigen Punktziele von wenigen 100 Metern Seitenlänge in Entfernungen von 25 bis 35 Kilometern berücksichtigt sowie die Tatsache, daß es sich bei »Dora« um eine praktisch unerprobte Waffe handelt. Schließlich zeigt sich, daß die theoretische Lebensdauer des Rohres von 100 Schuß weit unterschritten wird. Die rund 2-Tonnen-Treibladung brennt das Rohr derart aus, daß schon nach dem 15. Schuß die Trefferlage miserabel aussieht. Nur mit Laboriermanipulationen und anderen »Tricks« ist noch ein gelegentliches Treffen möglich. Ziele sind unter anderen »Stalin«, »Molotow«, »Sibirien«, Munitionslager »Weiße Klippe«, Kasernen und Küstenbatterien. Später beschießt »Dora« noch mit fünf (anderweitig eingesparten) Schuß »Maxim Gorki I«, ohne jedoch zu treffen. Wie sich später herausstellt, war das Beschießen von »Stalin« und anderen Erdschanzen wenig sinnvoll beziehungsweise völlig unwirksam.
Der Beschuß des Munitionslagers »Weiße Klippe« hingegen, ein in einen Fels getriebenes Tunnelsystem am nördlichen Ufer der Sewernaja-Bucht, richtete große Zerstörungen an. Hitler persönlich verurteilte diese Beschießung jedoch, untersagte den weiteren Beschuß und befahl »Feuer frei nur noch auf betonierte Kampfstände«.
Um einen Eindruck zu erhalten, wie »Dora« und ihr Wirken an »höchster Stelle« beobachtet wurde, hier im Wortlaut eine von der »Dora«-Abteilung angeforderte »Meldung über Verteilung der »Dora«-Munition auf die einzelnen Ziele (hierin wird auch das Beschießen »Weiße Klippe« als sinnvoll verteidigt):

Die Abteilung meldet . . .:
1. *Fort Stalin: befohlen 8 Schuß – abgegeben 6 Schuß, davon letzter Schuß 19.58 Uhr. Schießen wegen Dunkelheit abgebrochen. Auf Verfeuern der restlichen 2 Schuß am nächsten Tage mußte verzichtet werden, da ein erneutes Einschießen unter neuen Wetterbedingungen mit 2 Schuß nicht möglich war und da ohnehin schon von den 6 Schuß 4 im Ziel lagen.*
2. *Fort Molotow: Befohlen 8 Schuß – abgegeben 7 Schuß. Der 8. Schuß konnte nicht mehr verfeuert werden, da die im Klimawagen temperierten Kartuschen inzwischen verbraucht waren und die durch Änderung der Pulvertemperatur verursachten Streuungen bei der geringen Zielausdehnung einen Treffer nicht mehr erwarten ließen. Zudem trat vom nächsten (23.) Schuß ab ein weiterer, besonders großer Temperatursprung auf. Rein theoretisch können diese Änderungen der Pulvertemperatur schußtafelmäßig berücksichtigt werden. Praktisch jedoch ist das nicht möglich, da die bis zu rund 1 800 kg schweren Dora-Kartuschen nicht gleichmäßig durchtemperieren, wenn sie nicht mindestens 3 Tage im Klimawagen gelagert werden. Dies kann durch Beschaffung von 2 weiteren Klimawagen (z.Zt. nur einer für 18 Schuß vorhanden) erreicht werden.*
3. *Batterie 649a und c: Befohlen 12 Schuß – abgegeben 8 Schuß. Trotz der verhältnismäßig großen Streuungen gelang es, an die beiden Türme je 1 Schuß auf 10 m kurz und 2 Strich rechts bzw. 10 m weit und 2 Strich links heranzubringen. Wegen der zuweilen starken Sichtbehinderung durch Verqualmung des Zielgeländes infolge massierten Stuka-Einsatzes konnte der 8. Schuß erst um 15.40 Uhr abgegeben werden. Das Schießen auf dieses Ziel mußte somit abgebrochen*

werden, damit der noch für den gleichen Tag befohlene Beschuß des Zieles »Fort Stalin« durchgeführt werden konnte. Dieses Schießen konnte auch (vergl. Ziff. 1) erst im Einbruch der Dunkelheit erfolgreich beendet werden. Bei den beschossenen Geschütztürmen 649a und c handelt es sich um Einzeltürme von schätzungsweise höchstens 10 bis 12 m Durchmesser, die jedoch auf einem Gebiet unterirdischer Befestigungsanlagen stehen, wie aus den auf den Luftbildern sichtbaren Stolleneingängen hervorgeht. Die erzielten Treffer in nächster Nähe der Türme ließen somit Erfolg erwarten.

4. *Die eingesparten Schüsse wurden, bis auf einen, auf Ziel »Weiße Klippe« verfeuert. Auf dieses Ziel wurde zuerst durch den Herrn Kommandierenden General des LIV.A.K. hingewiesen. Auch der Artl.Kdr. 138 hat die Wichtigkeit dieses Zieles für Dora-Gerät schriftlich besonders betont. Nähere Untersuchungen, die durch Abt. Dora durchgeführt worden sind, haben ergeben, daß dieses unterirdische Munitionslager, wie aus Luftbildern ersichtlich, mindestens 20 auf 3 Abschnitte verteilte große Eingänge, sowie eigene Gleisanlage und Ladestraßen besitzt. Die Vernehmung eines im Januar auf deutsche Seite übergegangenen und bis dahin in Sewastopol dienstlich tätigen russischen Marine-Artl.Offz., der die unterirdische Anlage »Weiße Klippe« aus eigener Anschauung genau kannte, hat weiter ergeben, daß die unterirdischen Munitionsstollen in 3 Etagen übereinander angelegt sind und daß die einzelnen Stollen mehrere hundert Meter Länge besitzen. In der Anlage sind nach Gefangenenaussagen Munitions- und besonders Sprengstoffvorräte für den gesamten Bedarf der Festung Sewastopol auf 2 Jahre eingelagert. Die natürliche Felsdeckung über dem Ziel beträgt an den für den Beschuß vorgesehenen Stellen etwa 15–20 m. Dieses Ziel »Weiße Klippe« mußte somit als für Dora-Beschuß ganz besonders geeignet angesprochen werden, da es a) infolge seiner großen Ausdehnung Treffer erwarten ließ und b) wegen der starken Deckung durch keinerlei andere Artl. Geschosse und auch nicht durch schwerste Stuka-Bomben mit Erfolg bekämpft werden konnte.*
5. *Das Verfeuern eingesparter Schüsse auf die gem. Artl.Befehl Nr. 5 . . . befohlenen Ziele wurde nach fernm. Rücksprache mit Höh.Artl.Kdr. 306 der schießenden Abteilung anheim gestellt. gez. Böhm – Oberstlt. und Kommandeur.*

Jedenfalls hat »Dora« die »Weiße Klippe« mit insgesamt 16 Schuß bekämpft und gemäß KTB-Eintrag am 6. Juni mehrere Volltreffer erzielt. Die Beobachtung lautete: »120 Meter hohe, schnell ausschießende Rauchwolke«.

Diese ins Kriegstagebuch und in die Literatur eingegangenen »Volltreffer« müssen als Irrtum oder Propaganda angesehen werden, wenn stimmt, was Dimitrij J. Stognij dazu recherchiert hat. Nach der deutschen Version hat mindestens ein 7-Tonnen-Panzergeschoß die Felsdeckung durchschlagen und mit dem Detonieren im Innern einen Teil der natürlichen Decke sowie Außenwände und Eingänge zerstört. Nach der jetzigen Version haben ein oder mehrere Geschosse zwar auch getroffen, allerdings Munition, die gerade gelöscht wurde und in den Stollen verbracht werden sollte. Entweder hätte die deutsche Seite geglaubt, das Lager getroffen zu haben, so die Vermutung, oder aber die Truppe hätte ein Alibi für den beanstandeten Beschuß gebraucht. Eine weitere Möglichkeit wäre, den Treffer-Erfolg als Rechtfertigung für den »Dora«-Einsatz überhaupt hinzustellen. Wie auch immer, bei allen Diskussionen scheint man den Umstand aus den Augen verloren zu haben, daß die Geschosse Munition getroffen haben – ob nun innerhalb oder außerhalb des Lagers. Andererseits zeigt das Beschäftigen mit diesem Geschehen von vor 50 Jahren, wie es noch heute die Gemüter bewegen kann.

Der »Dora«-Einsatz vor Sewastopol war der erste und einzige. Das Geschütz wurde, wie das Schwestergerät, später von deutschen Kommandos gesprengt. Heute noch vorhandene Relikte wie Drehgestelle, Granaten und Kartuschen sind begehrte Besichtungsobjekte bei Historikern, Wehrtechnikern, Artilleristen und Modellbauern.

Daten zum Geschütz »Dora«

1936	Auftrag des Oberkommandos des Heeres an Krupp zur Entwicklung eines Eisenbahngeschützes mit bislang unerreichter Durchschlagsleistung.
1941/42	Erprobungs- und Schußtafelschießen auf den Heeresversuchsschießplätzen Hillersleben und Rügenwalde.
März/April 1942	Vorbereitungen zum Einsatz im Osten, vor allem Üben/Exerzieren von Auf- und Abbau des Geschützes.
Juni 1942	Einsatz vor Sewastopol.
März 1943	Vorführung der »Dora« im Schuß vor Hitler und seinem Gefolge in Rügenwalde.
1944	Erfolglose Versuche, das (zu modifizierende) Geschütz gegen England einzusetzen.
April 1945	Zerstörung der artilleristischen Teile durch deutsches Sprengkommando in Grafenwöhr.

Kaliber	80 cm
Gewicht in Feuerstellung	1 350 t
Rohrlänge gesamt	32 m
Rohrgewicht gesamt	400 t
Geschützlänge (über Puffer)	47,97 m
Geschützbreite	7,1 m
Geschützhöhe	11,6 m
Zahl der Drehgestelle	8
Zahl der Achsen je Drehgestell	5
Stärke der Elektrodiesel-doppellok (zum Bewegen des Geschützes in der Schießkurve)	2 × 1 000 PS
Rohrkonstruktion	Mantel- und Seelenrohr
Geschützeigenantrieb (zum Feinrichten in der Schießkurve)	1 Elektromotor je Drehgestell
Munition (Panzergranate):	
Gewicht	7,1 t
Länge ohne ballistische Haube	2,4 m
Länge der Haube	1,53 m
Zünderart	Bodenzünder, el.
Schußweite, max.	38 000 m
Gewicht der Sprengladung	250 kg
Treibladung	1 × Hülse und 2 × Beutel
Gewicht Treibladung	1 850 kg

Das Ende auf der Krim (1944)

Am 8. April 1944 beginnt die 4. Ukrainische Front ihren Befreiungsschlag aus den Brückenköpfen südlich des Siwasch sowie nördlich von Kertsch. Die nach Süden und Südwesten vorstoßenden Panzerverbände treffen auf keinen nachhaltigen Widerstand. Schon fünf Tage später stehen russische Panzerspitzen vor Simferopol. Die vom Festland abgeschnittene 17. Armee zieht sich nach Sewastopol zurück.

Zusammen mit dem Seekommandanten Krim und Vertretern des A.S.M. (Admiral Schwarzes Meer) werden Pläne für die Räumung und den Abtransport über See ausgearbeitet. Nach dem Rückzug aus Odessa steht nur noch der 200 Seemeilen lange Seeweg nach Konstanza/Rumänien offen.

Ende April befinden sich im Verteidigungsbereich Sewastopol einschließlich der rumänischen Truppen rund 125 000 Mann. Vom noch intakten Flugplatz Chersones fliegen außer Kampfflugzeugen (noch) Kurier- und Versorgungsmaschinen, die beim Rückflug Verwundete mitnehmen. In der klaren Erkenntnis, daß Sewastopol nicht zu halten war, beantragt der Oberbefehlshaber der 17. Armee, Generaloberst Jänicke, zum wiederholten Male die planmäßige Räumung Sewastopols. Hitler lehnt abermals ab; Jänicke wird abgelöst. Nachfolger ist General der Infanterie Hartmann.

Am 7. Mai holt die Rote Armee zum entscheidenden Schlag aus. 29 Schützendivisionen, 4 Artilleriedivisionen, 4 Panzer- und 2 Marinebrigaden sowie 6 Panzerabwehrregimenter erobern die Sapun-Höhen zurück, erreichen am 8. Mai die Sewernaja-Bucht und befreien Sewastopol. Am gleichen Tag dringen ihre Verbände in die Nikolajewka-Stellung ein, neben der Chersones-Stellung letztes schwaches Hindernis auf der Halbinsel Chersones, hinter der sich die geschlagenen Reste der 17. Armee drängen und versuchen, über das Schwarze Meer zu entkommen.

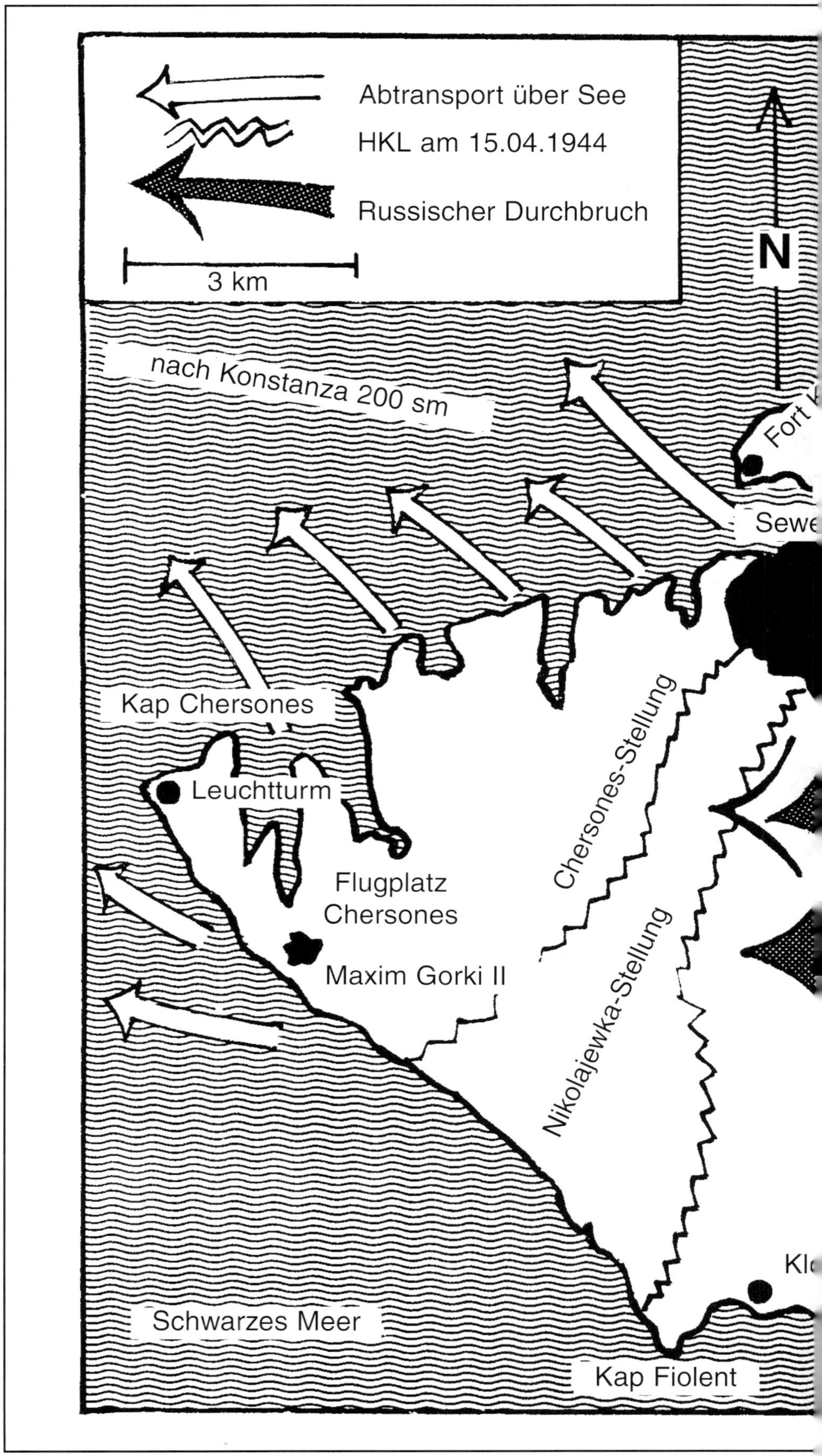

Die Lage April/Mai 1944

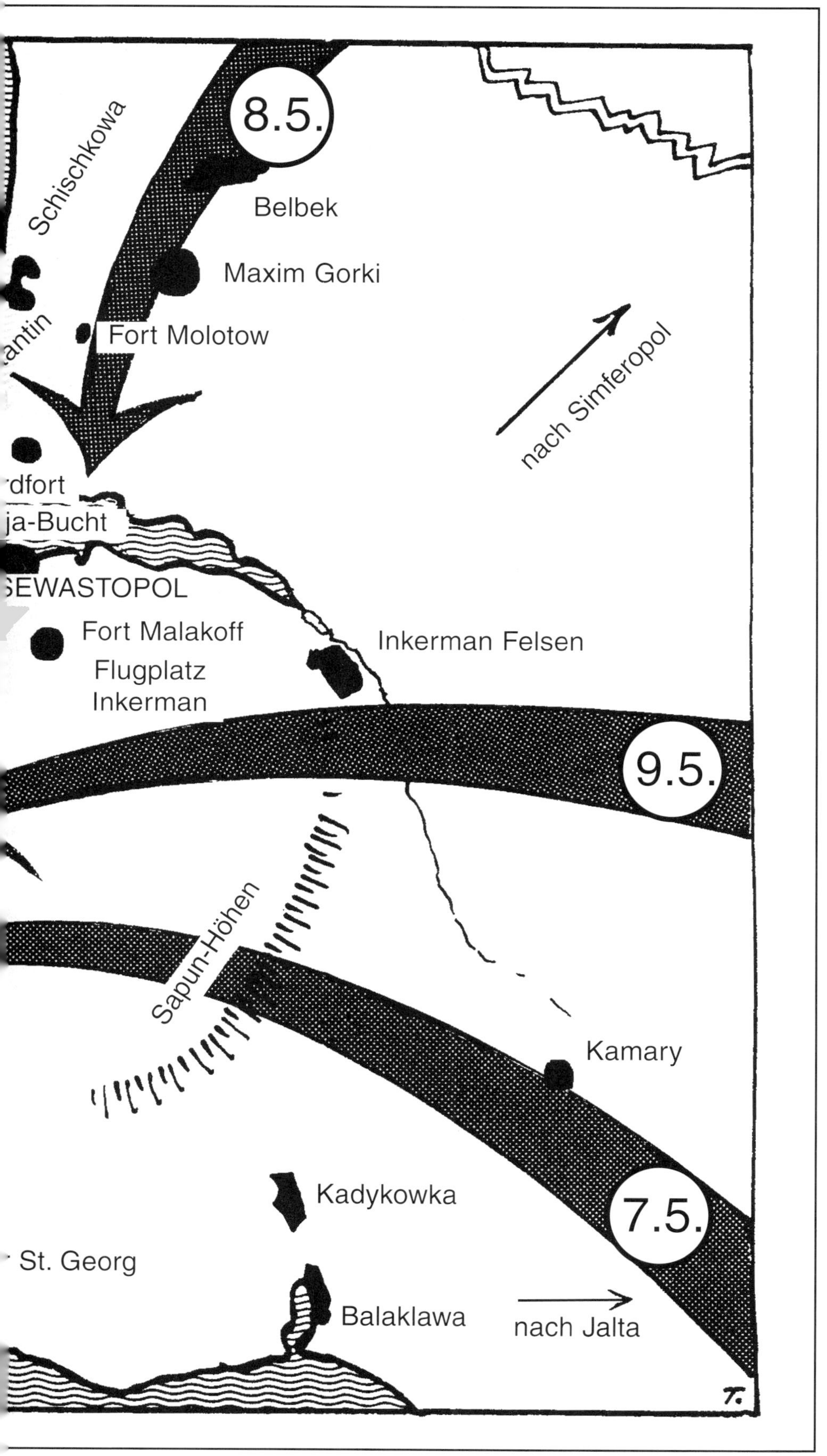

Jetzt wiederholt sich die Tragödie einer untergehenden Armee unter umgekehrten Vorzeichen. Die dramatischen Ereignisse überschlagen sich von Stunde zu Stunde. Der Seekommandant Krim erbittet beim Admiral Schwarzes Meer in Konstanza um schnellste Zuführung des gesamten verfügbaren Schiffsraums zum Abtransport der sich in Auflösung befindlichen Truppen. Am 10. Mai fällt der letzte deutsche Flugplatz aus. Die sowjetischen Truppen rücken bis auf wenige Kilometer an die wenigen noch brauchbaren Einschiffungsplätze heran. In rollenden Luftangriffen werden die deutschen Schiffe mit Bomben und Torpedos belegt. An den nur noch sehr wenigen Anlegestellen kommt es infolge der an Bord drängenden Soldaten zu schrecklichen Szenen. Panik breitet sich aus. Schiffe legen, nur halb gefüllt und entgegen bestehenden Befehlen, zu früh ab. Andere, überfüllt, sinken nach Bombentreffern. Boote, Marinefährprähme und Dampfer nehmen die Flüchtenden überhastet an Bord. Hohe Offiziere lassen ihre Einheiten im Stich. Die Moral zerbricht.

Der Seekommandant Krim, zusammen mit General Hartmann, sitzen in der zerschossenen Batterie »Maxim Gorki II« und versuchen, einigermaßen Ordnung in das Chaos zu bringen, um so einen »geordneten Rückzug« zu gewährleisten.

Der Marineoffizier Erwin Damian schildert in seinen Aufzeichnungen »Taurisches Tagebuch« eine erschütternde und bezeichnende Szene aus dem Batteriebau, damals Hauptverbandsplatz: »Tagsüber sind wir jetzt hauptsächlich mit Verwundetentransporten beschäftigt. Ich war heute zweimal auf dem Hauptverbandsplatz in den unterirdischen Gewölben von Maxim Gorki II, aber ich müßte mich wohl stundenlang hinsetzen, um das Grauen zu schildern, das dort herrscht: Verwundete, Sterbende, Tote liegen dicht gedrängt in den engen Stollen, am Stolleneingang, an den Wänden der Operationsräume, die von Seufzern, Klagen und herzzerreißenden Schreien erfüllt sind. Das weitläufige Innere mit dem unverputzten Mauerwerk seiner Gänge und Stollen, in denen sich die armseligen Hinterlassenschaft der Verstorbenen mit dem Spülicht und Kehricht von Wochen vermischt, wird von Blut-, Schweiß- und Uringerüchen durchzogen, die einen längeren Aufenthalt unmöglich machen. Wünsche, Gebete, Flüche aus einem Lager von Lumpen dringen dem Vorübergehenden ans Ohr, es ist jedesmal wie ein Gang durch die Unterwelt, wenn man mit der Tragbahre hindurch muß, um den unzähligen zu Schmerz und Leid Verdammten einen neuen Verlorenen, einen ebenso namenlosen ›Fall‹ hinzuzufügen. Wir haben die Halbinsel bis auf diesen letzten Zipfel geräumt ... Was wird mit den Verwundeten geschehen? Wer von den Tausenden, die bei den Anlegestellen auf die Fähre warten, wird das rettende Ufer erreichen ...?

Am Ende sind es keine Fähren mehr. Vielmehr S- und Räumboote, die unter Artilleriebeschuß bis zur Steilküste vordringen und hier Versprengte einsammeln. Am 12. Mai 1944 erlischt der allerletzte Widerstand auf Chersones. In der Nacht vom 13. auf den 14. Mai nähern sich letzmalig Boote der 1. S.-Flottille der Steilküste bei »Maxim Gorki II« bis auf rund zehn Meter. Erst das Knirschen des Felsgrundes am Rumpf stoppt sie. Die Besatzung kann 61 Offiziere, Unteroffiziere und Mannschaften von Flößen und aus Höhlen bergen. Wohl die letzten, die der Krim und damit der Gefangenschaft entkommen.

Nach Aufzeichnungen des Admirals Schwarzes Meer konnten im April/Mai 1944 rund 116 000 Mann von der Krim über See abtransportiert werden. Nach sowjetischen Quellen sind etwa 25 000 Mann in Gefangenschaft geraten. Nach deutschen Einschätzungen können die auf der Krim verbliebenen Reste der 17. Armee einschließlich der Gefallenen und Verwundeten nicht mehr als 9000 Mann betragen haben.

Mai 1944 – das Fiasko der Deutschen Wehrmacht

... friedliche Idylle ▶

Blick vom Bratskoje-Friedhof auf das »alte« Sewastopol ▼

◀ *Leuchtfeuer an der Hafeneinfahrt (unten links im Bild Netzsperre)*

Fort Michael, von der Sewernaja-Bucht aus gesehen ▼

▲
Teilzerstörtes Munitionslager »Weiße Klippe« (1992)

Aufbau ... ▶

◀ *Kriegsschiff in der Hafeneinfahrt.*

Maschinenraum mit Schaltzentrale ▼

◀ *Bodenstück mit geöffnetem Schraubverschluß, zu erkennen u.a. Innengewinde und Ladungsraum*

Geschützexerzieren ▶

◀ *Kranz der deutschen Kriegsveteranen auf dem einzigen noch vorhandenen deutschen Soldatenfriedhof auf der Krim (Sewastopol)*

Noch allenthalben ▶ Narben im Stadtgebiet: Infanteriewerk

MG-Bunker am Tartarenwall (1992) ▼

◀ *Abschiedsfoto: Kommandant (zweiter von links) mit Batterieoffizieren*

Blick von Maxim Gorki II Richtung Osten ▼

50 Jahre danach

Erstes deutsch-russisches Veteranentreffen

Ehemalige deutsche Krimkämpfer weilen im Mai 1993, rund 50 Jahre nach der Schlacht um Sewastopol, in eben dieser Schicksalsstadt. Sie besuchen ihre ehemaligen Gefechtsstände und Stellungen und nicht zuletzt Friedhöfe beider Seiten. Höhepunkt und Novum: Die Angehörigen der ehemaligen deutschen Wehrmacht sowie der Roten Armee treffen sich zur Versöhnung und zum Gedenken an ihre Gefallenen. Die Besucher sind Mitglieder der Traditionsgemeinschaft 72. Infanterie-Division und Gäste derselben. Der Autor hat sie begleitet. Hier seine Aufzeichnung in Form eines kleinen Tagebuches.

Samstag, 8. Mai 1993
Die Tu-154 der Ukraina Air landet in Simferopol, Hauptstadt der Krim. Der Maschine entsteigen neben anderen 21 ehemalige Krimkämpfer, einige begleitet von ihren Ehefrauen. Wieder betreten sie Krim-Boden – diesmal freiwillig und willkommen: Wladimir Schawschin, Sewastopoler Historiker und seit kurzem Mitarbeiter der Deutschen Kriegsgräberfürsorge, sowie Irina Trawinina, Reiseleiterin und Dolmetscherin aus Jalta, begrüßen die Gäste aus Deutschland mit großer Herzlichkeit.
Es dunkelt bereits, als der moderne Reisebus Richtung Sewastopol startet. Rasch ist es gänzlich dunkel. Meist stumm, angespannt und voller Erwartung, versuchen die Businsassen draußen etwas zu erkennen. Irina gibt erste Hinweise auf Land und Leute – beides hat man zwar bereits einmal kennengelernt – aber unter welchen Voraussetzungen ... Nach dem Passieren des Kontrollpunktes – Sewastopol ist ja noch immer eine für Ausländer geschlossene Stadt – wird das Quartier für die nächsten sieben Tage bezogen: eine staatliche Unterkunft. Matrosen der Schwarzmeerflotte kümmern sich ums Gepäck. Für diesen Tag ist der »Dienstplan« erfüllt, alle sinken müde ins Bett. Was werden die nächsten Tage bringen?

Vor dem Denkmal der Sewastopol-Verteidiger (1993)

Sonntag, 9. Mai 1993
Offizieller erster Programmpunkt des Tages: Besuch des deutschen Friedhofes in Gollandie (Holland) auf der Nordseite der Sewernaja-Bucht.

Dieses Datum, der 9. Mai, ist der »Siegestag der Russen«; der Besuchstermin der Deutschen reiner Zufall. Dennoch ein eigentümliches Gefühl ... Bei dem Friedhof handelt es sich um den einzigen noch erhaltenen deutschen Soldatenfriedhof auf der Krim. Er liegt in der Nähe des ehemaligen sowjetischen Hospitals Nr. 318. Auf ihm wurden gleich nach dem Krieg neben verstorbenen deutschen Verwundeten beziehungsweise Kriegsgefangenen auch Rumänen und Ungaren bestattet. Der Friedhof wird derzeit hergerichtet für die Aufnahme jener sterblichen Überreste deutscher Soldaten, die man anderen Ortes noch finden oder umbetten will.

Die Deutschen ehren ihre toten Kameraden mit einer Kranzniederlegung und einem Gebet. Organisator der Exkursion in die Vergangenheit, Unternehmer Karl Elsen aus Wittlich bei Trier, spricht bewegende Worte. Elsen, 1942 blutjunger Leutnant und Abteilungsadjutant des Artillerieregimentes 172, sagt an diesem Maitag des Jahres 1993: »Wir stehen nun hier an den Gräbern deutscher Soldaten. Als sie starben, waren sie ausgestoßen aus der Völkergemeinschaft, sie waren geächtet, sie waren Verlorene, es waren Kriegsgefangene. Sie erlebten hier das gleiche Schicksal wie Soldaten ihres Landes während ihrer Kriegsgefangenschaft in unserer Heimat. Jetzt, nach 50 Jahren, ist es möglich geworden, daß wir als ehemalige deutsche Soldaten, die wir hier auf dieser Halbinsel gekämpft haben, an euren Gräbern stehen ...

Wladimir Schawschin wenig später zu seinen Gästen: »In der letzten Zeit habe ich in den Archiven des NKWD gearbeitet, das ist das Sicherheitsministerium für das Inland, und es ist mir gelungen, die Listen der Gefangenen und Beigesetzten hier auf diesem Friedhof und die Listen der Gefallenen, die von anderen Friedhöfen hier zu diesem Massengrab gebracht wurden, zu erhalten.«

Einheimische beobachten neugierig das ungewohnte Geschehen, bekunden unverhohlen Sympathie für die »Germanskis«. Eine Frau erklärt sich spontan bereit, Blumen und Flieder zu bringen, wenn hier mal alles fertig ist und – »wenn ich darf!«

Zweiter Programmpunkt des Tages: Fahrt zu den Sapun-Höhen.

Sapun! Ein Name mit unheilvollen Assoziationen. Der angesteuerte Memorial-Komplex an markanter Stelle der Sapun-Berge ist kein Ort für »Normaltouristen«. Nur wenigen Deutschen ist bisher die »Ehre« zuteil geworden, das hier optisch beherrschende Schlachten-Diorama zum Gedenken der Befreier Sewastopols 1944 besichtigen zu dürfen. Dieses im Lande berühmte und legendäre Kriegsszenario in einem eigens dafür erbauten Kuppelbau ist halb gegenständlich, halb bildlich dargestellt. Abgesehen von einige heroischen Überhöhungen sei das Gezeigte »verdammt realistisch«, meint Ex-Pionier Alfred Wenck. »Es fehlt nur der Lärm und der Gestank«. Wladimir Schawschin erläutert, jedes Antlitz der abgebildeten Soldaten sei authentisch, nach der Schlacht anhand von Gefallenen, Verwundeten und Überlebenden rekonstruiert.

Rings um den Diorama-Rundbau sind sowjetische Waffen des Zweiten Weltkriegs aufgestellt, Panzer, Sturmgeschütze, Artilleriegeschütze, auch eine »Stalin-Orgel«. Unten am Fuß der Anhöhe liegt rostiges deutsches Kriegsgerät, abgelegt wie Sperrmüll.

Montag, 10. Mai 1993

Besuch des Weltkrieg-Denkmals in der Stadt.

Es handelt sich hierbei um die monumentale Gedenkstätte zu Ehren der Sewastopol-Verteidiger von 1941/42. Die angebrachten Marmortafeln nennen die beteiligten Einheiten und Truppenteile. Die Besucher aus Deutschland legen einen Kranz nieder. In der Lokalpresse steht am nächsten Tag: »Es ist schwer zu fassen. Zum Denkmal der Verteidiger der Stadt ... ist eine Gruppe nicht mehr ganz junger Männer gekommen. Es sind die gleichen Soldaten deutscher Divisionen, die den Hauptangriff auf die Stadt Sewastopol durchgeführt haben ... Es ist kaum vorstellbar, daß diese älteren Männer mal Soldaten waren, die wir mal die größten Feinde genannt haben ... Sie sind gekommen zum Treffen mit unseren Veteranen ... Diese Deutschen haben Glück gehabt, so wie unsere Veteranen. Sie wollen jetzt Kontakte aufbauen. Es wird viele Erinnerungen geben ...«

Zweiter Programmteil: Fahrt zum Kap Chersones.

Hier kam es Ende Juni/Anfang Juli 1942 zum Endkampf um Sewastopol (wie in einem anderen Kapitel bereits erwähnt). Dabei nahm die 72. I.D. die Panzerbatterie »Maxim Gorki II«. Die ehemaligen »72er« der Gruppe schwärmen aus, klettern in den nie beseitigten Trümmern herum. Einer von ihnen, ein einstiger MG-Schütze, findet wahrhaftig die Reste jenes Grabens, in dem er im Krieg seinen MG-Schützen II verlor und er selbst schwer verwundet wurde. Er läuft los, muß allein sein mit den aufkommenden Erinnerungen und Bildern aus dunkelsten Zeiten. Als er schließlich wieder da ist und zu den bereits Wartenden in den Bus steigt, schweigen sie. Sie alle wissen nur zu gut, wie ihm jetzt zumute ist.

Dienstag, 11. Mai 1993

Ausflug nach Balaklawa

Der Hafenort ist militärisches Sperrgebiet. Fotografierverbot! Die Bucht liegt inmitten einer reizvollen Berglandschaft. Jetzt im Mai zeigt sie sich in einem satten Grün. Im Hafen, an den Kais und Piers, die militärischen »Geheimnisse«: zahlreiche U-Boote, meist ältere bis veraltete Typen. Es war das Infanterie-Regiment 105 der 72. I.D., dem es im November 1941 gelang, das Fort Balaklawa (Süd) im Handstreich zu nehmen. Ein ehemaliger Angehöriger dieses Regiments: »Dort oben auf den Höhen lagen unsere Stellungen, dort habe ich Weihnachten 1941 erlebt« Ein anderer: »Ich war ein junger Bursche, ich hab' überhaupt nicht mitgekriegt, wie schön es hier ist. Damals war es für mich ein trauriger Ort.« Wieder ein anderer, im Krieg noch ein halbes Kind: »Das ist Zinnober 1, von da aus habe ich Balaklawa gesehen, da waren bereits Stellungen. Und dann oben, ein zweiter Berg, das war Zinnober 2. Und hier am Berg, wo jetzt die Häuser stehen, da war der Graben, und die Russen waren ganz unmittelbar immer vor uns, nachts haben wir sie gehört. Im Morgengrauen haben die noch bis vor uns Minen gelegt. Und da höre ich nachts was. Der Feldwebel, der Zugführer, stößt mich an: das sind doch die Russen! Er drückt mich weg, ich nehme meinen Karabiner, er hinter ein MG. Ich sehe gerade noch einen Russen in der Dämmerung und schieße. Es war mein erster Schuß auf einen Menschen. Ich gucke nachher rüber, keinesfalls habe ich den getroffen, aber es war der erste Schuß, den ich auf einen Menschen überhaupt abgegeben habe. Es war eben Kampf, es war Krieg.« Die Ehefrau eines schlohweißen Krim-Veteranen: »Mein Mann hat mir soviel vom Krieg und seinen Erlebnissen erzählt. Und als die Gelegenheit kam, mit ihm zusammen hierher zu kommen, da wollte ich sehen, wo er Sodat war . . . Ja, hier ist er auch gewesen; die schönste Zeit seines Lebens, die Jugend, um die er betrogen worden ist.«

Der zweite Programmteil des Tages: Treffen mit den Repräsentanten der Stadt und der Militärobrigkeit.

Das Empfangskomitee im Sewastopoler Rathaus: Victor Ssemonow, Vorsitzender der Volksdeputierten des Stadtrates der Stadt Sewastopol; Victor Saitschko, stellvertretender Bürgermeister der Stadt Sewastopol; Grigori Tschernobai, Oberst a.D. und Vorsitzender des Sewastopoler Veteranen-Vereins; Anatoli Kalinenko, sein Vertreter. Sie alle ergreifen das Wort oder verteilen Erinnerungsmedaillen. Ihre wohlgesetzten Begrüßungsworte, ihre teilweise sehr ins Persönliche gehenden Reden haben einen Grundtenor: Nach gemeinsamer, unvorstellbar schwerer Zeit mit unsagbaren Opfern auf beiden Seiten sei es endlich an der Zeit, in die Zukunft zu blicken und freundschaftliche Bande zu knüpfen. Die deutschen Gäste spüren: Das sind keine Pflichtübungen. Diese Worte kommen aus dem Herzen. Die bewegten Gesichter, das ist keine Schauspielerei. Das ukrainische Fernsehen wird am nächsten Tag in einer 30-Minuten-Sendung über diesen Empfang berichten.

Mittwoch, 12. Mai 1993

Ein umfangreiches Programm: Besuch unserer Friedhofsplätze. Besuch unserer Schlachtfelder Kamary, Höhe 440,8; Chatal-Kaya-Tal; Warnutka; Cutchuk-Muskowia. Diese und andere Namen waren damals Begriffe für die Soldaten der 72. I.D., als sie sich kämpfend Sewastopol näherten, dabei drei Verteidigungsgürtel überwindend.

Als der Bus am Fuße der Höhe 440,8 bei Kamary hält. Karl Elsen und sein Regimentskamerad Fred Deckert entdecken ihre B-Stelle auf Höhe 440,8. Von jenem Felsennest aus hatten die beiden seinerzeit, 1942, kurz vor dem letzten Großangriff einen weiten Blick ins Land, Richtung Nordwest. Dort, hinter den gefürchteten Sapun-Höhen, lag das Ziel – Sewastopol.

Der Bus rollt weiter, verläßt die Hauptstraße, schaukelt einen Feldweg entlang und stoppt vor Häuschen und Hütten am Rande des Dorfes Cutchuk-Muskowia südöstlich von Sewastopol. Der Ex-Pakschütze Julius Nahnsen erkennt in dem Weg den einstigen Verlauf jenes Trampelpfades, »den ich damals als Essensträger benutzt habe«. Hier gab es im Krieg einen deutschen Soldatenfriedhof. Der ist längst verschwunden, Häuser stehen da heute. Später wird Karl Elsen bei anderer Gelegenheit die Worte sprechen: »Wir suchten unsere Toten und fanden sie nicht.« Hier in Cutchuk-Muskowia gab es ein Haus, das Elsen als Gefechtsstand genutzt hatte. Es steht noch da! Seine Bewohner, im Garten aufgespürt, können zunächst nicht fassen, wer sich da vor ihrem Zaun zaghaft zu erkennen gibt. Das Ehepaar Gonscharow bittet aufgewühlt herein. Sie, damals noch ein kleines Schulmädchen, fragt aufgeregt ein ums andere Mal, ob ihre Besucher da wahrhaftig ehemalige deutsche Soldaten seien, und ob der da (Karl Elsen) im Krieg hier im Hause war. »Aber ja, hier stand mein Kartentisch . . .« Sie erinnere sich noch genau an die Soldaten, die hätten sie öfter auf ihren Pferden reiten lassen. Der Hausherr schleppt einen großen Krug Kirschsaft herbei. Ein köstlicher Begrüßungstrunk. Ihr kommen die Tränen: »Wir wollten keinen Krieg, ihr wolltet auch keinen . . .« Ergriffenheit allenthalben. Der ohnehin überzogene Zeitplan beendet die Idylle. Reich bepackt mit Köstlichkeiten aus Feld und Garten ziehen die Deutschen davon. »Allein dieses Erlebnis«, meint Elsen tief bewegt, »hat das Herkommen gelohnt.«

Donnerstag, 13. Mai 1993

Treffen mit den Veteranen des Zweiten Weltkrieges in Sewastopol.

Ein Novum: Erstmals begegnen sich offiziell Ex-Rotarmisten und -Wehrmachtsangehörige in der Schicksalsstadt Sewastopol. In seiner Begrüßungsansprache kommt Grigorij Baissak, Kapitän 1. Ranges, natürlich, nicht an den Toten, Verwundeten, Vermißten und nicht zurückgekehrten Gefangenen beider Seiten vorbei. Er beschwört die Zukunft, in der es nie wieder ein Gegeneinander zwischen unseren Völkern geben darf.

Fred Deckert in seiner Dankesrede, und auch Karl Elsen, der spontan das Wort ergreift, antwortet sinngemäß: Als junge Landser hätten sie höchst unfreiwillig und voller Angst in ihre Stadt kommen müssen. Man müsse hier nicht über Befehl und Gehorsam reden, weil auch sie Soldaten gewesen seien. Heute sei man gekommen, um sich die Hände zu reichen. Gastgeber Baissak: Ja, dieses Treffen solle eine Veranstaltung der Freundschaft sein, eine Begegnung der Hoffnung für die Zukunft. Wörtlich erwidert er: »Für mich persönlich gibt es nichts Wichtigeres, als gegen den Krieg zu kämpfen. Deswegen tue ich alles, was in meiner Macht steht, um wahrheitsgemäß über die Geschichte der Schlachten zu schreiben und die Namen der Gefallenen in Erinnerung zu behalten, damit jeder, der das liest, immer an den Frieden und an die Menschlichkeit denkt und zu dem Krieg ›nein‹ sagt. Wenn man an die Sewastopol-Schlacht denkt, hat man das Recht, alle Menschen zum Frieden aufzurufen. In dieser Schlacht kämpften so viele Soldaten mit so viel Kriegsgerät, wie es an keinem anderen Ort im Zweiten Weltkrieg der Fall war, und es gab so viele Gefallene, daß man sie nicht mehr

zählen konnte. Deswegen sollen wir, die Teilnehmer der Sewastopol-Schlacht, sich stets für den Frieden einsetzen.«
Baissak übergibt zum Schluß den Deutschen einen Fragen-Katalog hinsichtlich der genauen Verluste und des Verhaltens gegenüber Kriegsgefangenen. Und er fragt, ob die deutschen Veteranen ein Interesse daran haben, ein Buch mit dem Titel »Schlacht um Sewastopol« gemeinsam mit russischen und deutschen Historikern zu schreiben, das man in russischer und deutscher Sprache veröffentlichen könne.

Freitag, 14. Mai 1993
Schiffsrundfahrt rund um die Sewastopol-Bucht.
Eine außergewöhnliche Geste der Sewastopoler gegenüber ihren Gästen. Immerhin gestatten Stadt und Militärs gewissermaßen einen Blick ins »Schlafzimmer« der Schwarzmeerflotte. Mit an Bord der Rundfahrt-Barkasse klettern einige russische beziehungsweise ukrainische Kriegsveteranen sowie »Verteidigungsveteranen«, letztere sind vergleichbar mit Reservisten westlicher Streitkräfte. Sie sind beladen mit Wodka, Krimsekt und einem deftigen Frühstück. Sie hätten sich wegen der gestrigen offiziellen Veranstaltung geschämt, weil die so ganz ohne Bewirtung gewesen sei. Das wolle man nun hier und jetzt sofort nachholen. Oben an Deck richten sich die Objektive auf einen Flugzeugträger, auf Zerstörer, Fregatten, U-Boote und Hafenanlagen. Unter Deck, ziemlich eng und stickig, werden neue Freundschaften begossen . . .

Samstag, 15. Mai 1993
Frühstück, Transfer Sewastopol-Simferopol. Flughafen.
Auf der Busfahrt zum Flughafen versucht jeder, die Gedanken zu ordnen, die Eindrücke zu verarbeiten. Alles ist noch viel zu nah . . . Wladimir, der Historiker, und Irina, die Dolmetscherin – beide haben eine Mammutleistung hinter sich – lassen es sich nicht nehmen, die Gäste bis zum Ausgang zu begleiten. Abschied, feuchte Augen. In den Taschen der Abreisenden private Einladungen nach Sewastopol. »Kommt wirklich wieder! Wir freuen uns auf euch!« – »Ja, wir kommen wieder!« Inzwischen weilten die ersten Sewastopoler Veteranen im April 1994 für einige Tage in Deutschland, hauptsächlich in Trier und auch die Deutschen waren im Mai 1995 schon wieder in Sewastopol. Die Freundschaften werden immer enger und herzlicher.

Stadt und Hafen Sewastopol

Sewastopol gehörte zu den sogenannten »Heldenstädten« der Sowjetunion, die nach dem Krieg bevorzugt, unter Einsatz deutscher Kriegsgefangener, wiederaufgebaut wurden. Das heutige Stadtbild ist geprägt von den Streitkräften der Schwarzmeerflotte, eine Marinemetropole eben. Die herrschaftlichen und individuellen Gebäudekomplexe im Stadtkern sind in den fünfziger Jahren im alten Glanz wiedererstanden – nach historischen Bauplänen. Die breiten Hauptverkehrsstraßen sind großzügig begrünt mit Alleen und Doppelalleen aus Akazien, Robinien, Eschen oder Platanen. Als Nahverkehrsmittel dienen hauptsächlich umweltfreundliche Oberleitungsbusse, wie in Großbritannien »Trolleybusse« genannt. Der Individualverkehr hält sich sehr in Grenzen. Fahrräder gibt es so gut wie gar nicht. Die Leute fahren in den meist überfüllten Bussen oder gehen zu Fuß.
In den Außenbezirken sind auch hier Trabantenstädte entstanden. Die in bekannter sozialistischer Plattenbauweise errichteten schmucklosen Kästen bestimmen das Erscheinungsbild, das mit dem »alten« Sewastopol nichts gemein hat. Dieses ursprünglich-urtümliche Sewastopol hätte durchaus das Zeug, potentiellen Gästen aus aller Welt Kieler-Woche- und Côte-d'Azur-Ambiente gleichermaßen zu bescheren. Bis zum internationalen Standard ist es freilich noch weit. Unendlich viel ist noch zu tun. Vor allem ist es eine Frage der Politik: Wer wird künftig Herr in Sewastopol sein? Die Ukrainer? Die Russen?
Natürlich ist die Stadt (noch) gespickt mit Narben aus der Zeit, als die Kriegsfurien die Stadt gleich zweimal heimsuchten (1942 und 1944). Wie ein Festungsring stehen heute die Denkmäler und Erinnerungsmonumente an den Kampf um Sewastopol, als wollten sie die

Erinnerungen an den Krieg gegen das Vergessen verteidigen. Dazwischen siedeln und bauen – illegal – die wieder ins Land drängenden Krimtataren. Auch im Stadtzentrum zahllose Denkmäler, Mahnmale, Erinnerungstafeln und Gedenkstätten, von denen die meisten die Befreiung der Stadt im Mai 1944 durch die Rote Armee beschwören. Und nicht zuletzt künden Überbleibsel von Bunkern, Kommandozentralen, Munitionslagern, Depots, Stollen und dergleichen in den Weichteilen der Stadt vom Kriege. Aus Kostengründen hat man sie nicht alle beseitigen können. Man baute drum herum. Pockennarben im Antlitz einer gezeichneten Festungsstadt. Als eine Art Abenteuerspielplatz erfüllen sie nun einen friedlichen Zweck. Die Stadt hat sich indessen auch eine Schokoladenseite geschaffen beziehungsweise wieder auferstehen lassen. Großflächige, schattige und gepflegte Parkanlagen im Innenstadtbereich lockern auf, sorgen für Abwechslung und erhöhen überhaupt den Freizeitwert dieser Metropole. Insbesondere die ausgedehnte Parklandschaft auf

Die Festungsstadt möchte sich dem Tourismus öffnen: Privat geführtes Speiserestaurant der gehobenen Klasse

dem Malakoff-Hügel kann es mit ähnlichen Anlagen in Jalta allemal aufnehmen. Daß abseits der Parkalleen und Wege der Schwarzhandel blüht und die Rasenflächen schon mal zu Weiden für Ziege und Rind umfunktioniert werden, ist eine hoffentlich bald überwundene Zeiterscheinung, sind Zeichen der gegenwärtigen miserablen Wirtschaftslage.

Sollte Sewastopol sich eines Tages dem Tourismus voll öffnen, dürften künftige Besucher von den Reizen der Umgebung angetan sein. Vor allem Bachtschissarai, die alte Tatarenhauptstadt nordöstlich von Sewastopol, war schon immer ein beliebter Ausflugsort. Südwestlich dieses malerischen Ortes mit seinem alten Palast sind mittelalterliche Höhlenstädte und Felsenfestungen zu entdecken. Es gibt hier eine Canyonlandschaft, wie man sie in dieser Großartigkeit überhaupt nicht erwartet hat.

Einmal hier, haben es sich die Gruppen Neumann und Egger nicht nehmen lassen, einen Abstecher zur ehemaligen Feuerstellung der »Dora« zu machen. Es gibt kaum noch etwa zu sehen. Der einstige Hügeleinschnitt ist eingeebnet, der Montageabschnitt überbaut und der Verlauf der Schießkurve nur anhand markanter Geländepunkte, bekannt aus alten Fotos, zu erahnen.

Die Sewernaja-Bucht, auch Große oder Sewastopoler Bucht genannt, bildet die Reede der Stadt. Die Bucht ist rund sieben Kilometer lang bei einer wechselnden Breite von 500 bis 1200 Metern – ideal für einen Hafen. Die Fahrt durch die Bucht, zunächst entlang am Nord-, danach am Südufer, ist eine Reise zwischen gestern und heute. Neben den Einheiten der Schwarzmeerflotte abgetakelte Kreuzer, in der Nähe der Abwrackwerft aus dem Wasser ragende Teile eines Zerstörers aus dem Zweiten Weltkrieg. Am Ufer Prachtbauten mit weißen Natursteinfassaden im neoklassizistischen Stil. Sie zeugen von den unglaublichen Wiederaufbau- und Restaurierungsarbeiten in den sechziger und siebziger Jahren.

Die Fahrt führt vorbei an der Tribüne, auf der sich früher die Militärs bei Flottenparaden versammelten. Jetzt macht sie einen verlassenen, trostlosen Eindruck. Entlang des wunderschönen Meeresboulevards geht die Fahrt, irgendwann auch an zwei Trockendocks vorbei. In dem einen aufgeständert ein Tragflächenboot, im anderen ein U-Boot. Ein Jahr später das gleiche Bild: Beide Schiffe noch immer im Dock, gearbeitet wurde und wird nicht daran. Auch die an einer Pier dümpelnden U-Boote sind noch da; der grüne Algenkranz am Rumpf verrät, daß sie seither keinen Meter gefahren sind. Überhaupt lag eine eigentümliche Ruhe über dem Hafen.

Die Barkassenfahrt führt an den »Weißen Klippen« vorbei; dem einstigen Munitionslager, dessen über 20 Meter dicke Natursteindecke 1942 von »Dora«-Geschossen durchschlagen wurde – oder auch nicht, wie an anderer Stelle schon erwähnt. Von Bord der Barkasse aus läßt sich erkennen: Das weiße Steiluferband aus Kalkstein weist an einer Stelle einen Einschnitt auf, seine Ränder sind gezackt und zerrissen. Das verschwundene Gestein gibt den Blick frei auf große dunkle Öffnungen, Stollen- und Tunnelreste. Es muß jene Stelle der »Weißen Klippen« sein, die ein deutsches Foto von 1942 zeigt. Die darauf unübersehbare Gesteins- und Geröllhalde ist heute zum größten Teil weggeräumt. Jedenfalls hat der »Dora«-Treffer, ob von innen heraus wirkend oder lediglich von außen, das unterirdische Lager wegen seiner Ausdehnung in Breite und Tiefe nicht vollständig zerstört. Die unversehrten Abschnitte werden noch heute als Depot genutzt.

Auf dem Gorodskoi-Hügel steht noch immer das überlebensgroße Lenin-Denkmal, die ausgestreckte Hand über Bucht und Hafen haltend.

Die Schwarzmeerflotte

Nach dem Flottenhandbuch »Flottes de Combat« bestand die Schwarzmeerflotte nach der Auflösung der Sowjetunion aus 20 U-Booten, zwei Hubschrauberträgern, vier FK-Kreuzern, neun FK-Zerstörern, sieben Fregatten und 31 Korvetten. Außerdem gehörten 325 kleinere Einheiten wie Minensuch- und Landungsboote sowie Versorgungsschiffe dazu. Von den Kreuzern und Zerstörern verfügt ein nicht geringer Teil über taktische Flugkörper-Waffensysteme, die mit nuklearen Gefechtsköpfen bestückt werden können.

Zum vielzitierten Streit um die Schwarzmeerflotte zwischen Rußland und der Ukraine ist es vor allem deshalb gekommen, weil die Ukraine diese für sich selbst beansprucht, die Russen sie aber nicht unter ukrainischen Befehl stellen wollen. Trotz etlicher Einigungsformeln (Aufteilung der Flotte, Kauf der Flotte seitens der Russen, Verpachtung des Stützpunktes Sewastopol an die Russen) deutet vieles darauf hin, daß eine einvernehmliche Regelung sobald nicht gefunden werden dürfte.

Wie auch immer der Streit ausgehen beziehungsweise beigelegt wird, die Ukraine besitzt den größten Teil der Schwarzmeerküste einschließlich der Halbinsel Krim, die früher russisch war und 1954 unter Chruschtschow der Ukraine zugeschlagen wurde. In diesen Küstenbereichen liegen alle wichtigen Basen, an der Spitze Sewastopol im Südwesten der Ukraine, der Hauptstützpunkt der Schwarzmeerflotte. Den Rußland verbleibenden Schwarzmeerhäfen wie Noworossisk, Tuapse und Sotschi fehlt es unter anderem an der notwendigen Infrastruktur, um als vollwertige Basen geeignet zu sein.

Es ist kein Geheimnis, daß schon bald nach dem Zerfall der Sowjetunion Rußland die größten und modernsten Einheiten aus Sewastopol abgezogen hat.

Eines der größten Militärgeheimnisse der sowjetischen Flotte, die Station für Kampf-Delphine und Tieftauch-Robben, existiert seit 1992 nicht mehr. Die in einer Sewastopoler Bucht stationiert gewesene Spezialeinheit aus zwei Belugawalen, etwa 40 Tümmlern und einem Dutzend Robben ging mehr oder weniger aus Geldnot und abhanden gekommenen Aufgaben unter. Etliche Tiere starben mangels frischer Nahrung, andere wurden ins Ausland verkauft, die Reste fri-

Restaurierte Kathedrale in Sewastopol

Ausfahrt ins Ungewisse

sten ihr Dasein als Wasserclowns in einem Zirkus im Sewastopoler Hafen.
In der Nähe der Flottenführung sowie des sogenannten »Grafen-Kais« steht das Museum der Schwarzmeerflotte. In dem staatlichen Bau häufen sich viele Exponate. Auf dem Hof haben die Museumsleute auch den intakten Geschoßboden sowie eine beschädigte ballistische Haube einer 60-cm-»Karl«-Granate »abgeladen«. Vermutlich stammen die Relikte von einem Blindgänger. In einem Museumsraum fällt ein großflächiges Ölgemälde auf. Es zeigt eine Szene vom Kap Chersones 1944: Abgekämpfte, verwundete und verzweifelte deutsche Soldaten, im Begriff, sich zu ergeben. Alles fair, einfühlsam und authentisch bis zum letzten Uniformknopf gestaltet.
Im gleichen Raum eine verstaubte Vitrine, vollgestopft mit deutschen Infanteriewaffen und Uniformteilen. Und darunter ist gerade noch ein Eisernes Kreuz aus Stahlblech zu erkennen, fast einen Meter im Durchmesser. Es ist jenes Kreuz, welches U 9 als einziges deutsches U-Boot am Turm als Bootswappen zu führen hatte. Zu Ehren und als Traditionsfortführung des ersten U 9 aus dem Ersten Weltkrieg. Das Boot zählte zu den sogenannten »Einbäumen« des Typs II B (279 Tonnen über, 328 Tonnen unter Wasser). Es wurde zusammen mit fünf weiteren II-Booten der 30. U-Flottille von 1942 bis 1944 im Schwarzen Meer eingesetzt. Stützpunkt war der rumänische Hafen Konstanza. Sie sollten die Seeflanke der deutschen Truppen sichern und den deutschen Nachschub über das Schwarze Meer ermöglichen.
U 9 sank am 20. August 1944 nach einem Bombentreffer an der Pier auf den Grund des Hafenbeckens von Konstanza. Nur der Turm mit den Kreuzen (links und rechts) ragte noch aus dem Wasser. Die Sowjets haben später das Boot gehoben und die beiden Turmkreuze als Kriegstrophäen abmontiert. Eines der Kreuze gelangte auf Umwegen ins Sewastopoler Marine-Museum.
Welchen Sinn macht heute die von Russen dominierte Schwarzmeerflotte, die noch rund 350 Schiffe umfaßt. Klar ist: Für Moskau ist Sewastopol mit seiner Armada eine absolute Prestigefrage. Sewastopol – fast schon ein geheiligter Ort. Zusammen mit der Flotte symbolisieren beide bis heute den Weltmachtanspruch Rußlands und der ehemaligen Sowjetunion als Seemacht.

Quellen- und Literaturverzeichnis

Bundesarchiv Koblenz

Bundesarchiv/Militärarchiv Freiburg

Persönliche Aufzeichnungen und Unterlagen von Teilnehmern der Kämpfe auf der Krim 1941 bis 1944

Wladimir Schawschin und Dimitrij J. Stognij (Tonbandaufzeichnungen und schriftliche Unterlagen)

Zeitgenössische Aufsätze (unveröffentlicht)

Literaturauswahl

Peter Bamm
Die unsichtbare Flagge. Ein Bericht, München 1952.

Winfried Baumgart
Der Friede von Paris 1856. Studien zum Verhältnis von Kriegführung, Politik und Friedensbewahrung, München 1972.

Erwin Damian
Taurisches Tagebuch, Frankfurt 1990.

Martin Egger (Hrsg.)
Die Festung Sewastopol. Eine Dokumentation ihrer Befestigungsanlagen und der Kämpfe von 1942. Sonderheft Nr. 32 aus der Reihe IBA-Information, Köln 1995.

Jörg Friedrich
Das Gesetz des Krieges. Das deutsche Heer in Rußland 1941 bis 1945. Der Prozeß gegen das Oberkommando der Wehrmacht, München 1993.

Erich von Manstein
Verlorene Siege, München 1955.

Militärgeschichtliches Forschungsamt (Hrsg.)
Deutsche Militärgeschichte in sechs Bänden 1648–1939, München 1983.

Hans-Rudolf Neumann (Hrsg.)
Sewastopol/Krim. Ein Exkursionsbericht, Regensburg 1993.

Oberkommando des Heeres/Gen.St.d.H./ Gen. d. Pi. u. Fest. b. Ob. d. H./Abteilung Auswertung fremder Landesbefestigungen
Nachtrag zu den Denkschriften über fremde Landesbefestigungen, Berlin 1943.

Percy E. Schramm (Hrsg.)
Kriegstagebuch des Oberkommandos der Wehrmacht 1942 (Teilband I) und 1944–1945 (Teilband I), München 1982.

Konstantin Simonow
Kriegstagebücher, Berlin 1979.

Gerhard Taube
Dora – Das größte Geschütz aller Zeiten, München 1982.

Wilhelm Tieke
Kampf um die Krim 1941–1944. Selbstverlag, Gummersbach 1975.

German Werth
Der Krimkrieg, Erlangen–Bonn–Wien 1989.

Bildteil Gestern – Heute

Bei den Aufnahmen dieses Bildteils handelt es sich um Fotos aus dem Zweiten Weltkrieg, die aus dem Bundesarchiv Koblenz, dem »Nachtrag zu den Denkschriften über fremde Landesbefestigungen« und von ehemaligen Angehörigen der Deutschen Wehrmacht stammen.
Die aktuellen Fotos hat der Autor während seiner Besuche in den Jahren 1992 und 1993 aufgenommen. Trotz gewaltiger Aufbauleistungen in Sewastopol ist es doch erstaunlich, wie die Spuren der wechselvollen Geschichte teilweise unverwischt geblieben sind.

»Hafentor« mit »Kai des Grafen«

Martello-Turm zwischen
Sewastopol und Balaklawa
aus dem 14./15. Jahrhundert

Munitionslager »Weiße Klippe« mit »Dora«-Beschußspuren

Küstenbatterie »Schischkowa«

Russisches Eisenbahngeschütz. Text des Erläuterungsschildes: »Die 180 mm Eisenbahn-Artillerieanlage TM-1-180, die aktiv an den Kampfhandlungen während des Großen Vaterländischen Krieges 1941 bis 1945 bei dem 16. Eisenbahn-Artilleriebataillon der Küstenverteidigung der Schwarzmeerflotte beteiligt war.«

Panzerbeobachtungsglocke, vorhanden u.a. in den Batterien »Schischkowa« und »Streletzki« (Farbfoto: »Streletzki«)

Fort Konstantin unter Feuer von der Landseite her

Befehlsstand-Beobachtungsraum

Nordfort: Blick in einen Grabenhof

Inkerman-Massiv unter Beschuß. Unter dem gesprengten Berg sollen sich noch tausende Tote befinden.

Südost-Panzerturm von Maxim Gorki I

Nordwest-Panzerturm von Maxim Gorki I

Maschinenraum
mit Schaltanlage in
Maxim Gorki I

Ost- bzw. Haupteingang Maxim Gorki I. Text der Tafel links in der Übersetzung: »Hier schlugen sich die Soldaten des ruhmreichen 30. Bataillons während der heroischen Verteidigung der Stadt Sewastopol 1941/1942 für unsere sowjetische Heimat heldenhaft«

Panzerbeobachtungsturm Maxim Gorki II (später teilweise abgeschweißt; Spuren siehe unterer Bildrand und rechts oben)

Zerstörte Panzertürme Maxim Gorki II (im Vordergrund Turm Nr. 2, im Hintergrund Nr. 1)

Zerstörter Panzerturm Maxim Gorki II (Turm 2); Blick von der Landseite auf See

Kommandant Maxim Gorki II in der Schaltzentrale (unten: die Schwesteranlage in Maxim Gorki I)

Chronologie einer Zerstörung: Feuerndes Geschütz Maxim Gorki II (April/Mai 1942); außer Gefecht (Juli 1942) und Spuren 50 Jahre später

Nach dem Fall von Sewastopol wehen auf dem zerstörten Dach des »Panorama«-Gebäudes die deutsche und rumänische Kriegsflagge. In dem wiederaufgebauten »Panorama« wird der Kampf um Sewastopol während des Krimkrieges gezeigt. Es handelt sich um ein Rundumgemälde mit gegenständlichem Vordergrund.

Kurz nach der Fertigstellung des Manuskripts ist unser Autor Gerhard Taube verstorben.
Seine Gattin, Frau Edelgard Taube, ist im Frühjahr 1995 wiederum einer Einladung der Stadt Sewastopol gefolgt, um die Bemühungen Ihres Ehemannes fortzusetzen, das Verständnis zwischen den ehemaligen Kriegsgegnern zu fördern.

Der Verlag bedankt sich bei German Werth für seine Unterstützung bei der Endredaktion.

Die neuen militärgeschichtlichen Reiseführer

Hans-J. Nicolai
Seelower Höhen
Militärgeschichtlicher Reiseführer
152 Seiten, 12,5 x 20,5 cm,
30 s/w- und 50 Farb-Abbildungen,
5 s/w- und 12 Farb-Karten, Broschur
ISBN 3-8132-0448-0

Im April 1945 kam es vor den Toren Berlins zur Entscheidungsschlacht auf den Seelower Höhen. Neben der detaillierten militärgeschichtlichen Beschreibung weist dieser Reiseführer auf viele touristische Attraktionen dieser Region hin.

Horst Rohde/Armin Karl Geiger
Metz
Militärgeschichtlicher Reiseführer
136 Seiten, 12,5 x 20,5 cm,
50 s/w- und 25 Farb-Abbildungen,
4 s/w- und 9 Farb-Karten, Broschur
ISBN 3-8132-0475-8

Lothringen/Metz, eine Region, die das Verhältnis zwischen Deutschland und Frankreich entscheidend geprägt hat. Der Reiseführer gibt die wechselseitige Geschichte dieser Region wieder und weist auf erhaltene Festungsanlagen und andere attraktive Sehenswürdigkeiten hin.

Horst Rohde/Robert Ostrovski
Verdun
Militärgeschichtlicher Reiseführer
220 Seiten, 12,5 x 20,5 cm,
29 s/w- und 23 Farb-Abbildungen,
sowie zahlreiche Skizzen, Broschur
ISBN 3-8132-0393-X

In diesem militärischen Reiseführer wird der Leser anschaulich mit der Historie und den örtlichen Gegebenheiten des Schlachtfeldes Verdun vertraut gemacht. Ausgezeichnetes Bildmaterial, viele Detailpläne und -skizzen, Routenvorschläge u.v.m. ergänzen den hervorragend recherchierten Inhalt.

Hans-Joachim Polte
Peenemünde
Militärgeschichtlicher Reiseführer
120 Seiten, 12,5 x 20,5 cm,
50 s/w- und 25 Farb-Abbildungen,
4 Karten, Broschur
ISBN 3-8132-0474-X

Ein Wegweiser durch die Geburtsstätte der deutschen Raumfahrt, die am 3. Oktober 1942 begann. Neben der geschichtlichen Entwicklung werden die Aufgaben und Projekte der Heeresversuchsanstalt Peenemünde beschrieben und Anreisewege, Routenvorschläge, Übernachtungsmöglichkeiten aufgezeigt.

Antworten auf brisante Fragen

Wladimir Ostrogorski/Rita Schick
Kommen die Russen wieder?
Antworten auf eine brisante Frage
168 Seiten, 16 x 24 cm, 10 Karten,
gebunden, mit Schutzumschlag
ISBN 3-8132-0476-6

Kommen die Russen tatsächlich wieder? Die Russenmafia ist nur die Vorhut. Werden sich die Probleme verschärfen? Was kommt auf Deutschland zu? Die Autoren geben belegbare Antworten. Urteilen Sie selbst!

Wladimir Ostrogorski
Der tschetschenische Knoten
Der russische Bär in der kaukasischen Falle
120 Seiten, DIN A5, mit Skizzen,
Broschur
ISBN 3-8132-0486-3

Hat das schonungslose Vorgehen des russischen Militärs in Tschetschenien Auswirkungen auf Westeuropa? Ist es nur ein Test für die Politik Jelzins? Der Autor beleuchtet alle Hintergründe und geht auf die Gefahren des »regionalen« Konfliktes ein.

Verlagsgruppe
KOEHLER/MITTLER
Hamburg Berlin Bonn

Nahaufkl.-Gr. 8 Stabsbildabt
9.6.42 Bild 084
Maßstab etwa 1:6-9000
Karte 1: 25000 Sewastopol
Werner
Lenin
Nordfort
Vorstadt
Barte
Nord - Bucht
84
-750,98